Willkommen am Wendepunkt!

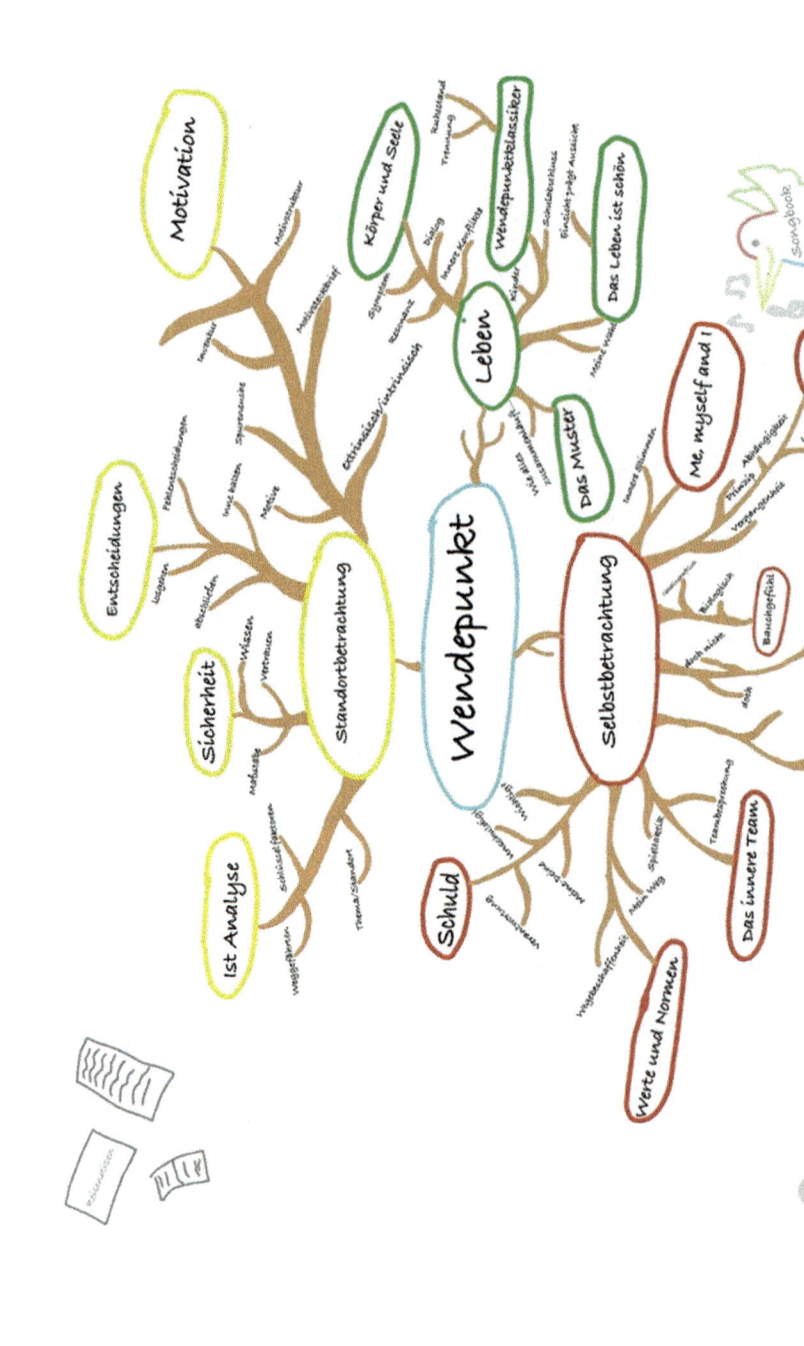

Melanie Cordini

Willkommen am Wendepunkt!

Reiseführer in Ihre Zukunft – Mit Selbstcoaching auf neuen Wegen

Melanie Cordini
Hannover, Deutschland

ISBN 978-3-658-37361-0   ISBN 978-3-658-37362-7 (eBook)
https://doi.org/10.1007/978-3-658-37362-7

Die Deutsche Nationalbibliothek verzeichnet diese Publikation in der Deutschen Nationalbibliografie; detaillierte bibliografische Daten sind im Internet über http://dnb.d-nb.de abrufbar.

© Der/die Herausgeber bzw. der/die Autor(en), exklusiv lizenziert an Springer Fachmedien Wiesbaden GmbH, ein Teil von Springer Nature 2022
Das Werk einschließlich aller seiner Teile ist urheberrechtlich geschützt. Jede Verwertung, die nicht ausdrücklich vom Urheberrechtsgesetz zugelassen ist, bedarf der vorherigen Zustimmung des Verlags. Das gilt insbesondere für Vervielfältigungen, Bearbeitungen, Übersetzungen, Mikroverfilmungen und die Einspeicherung und Verarbeitung in elektronischen Systemen.
Die Wiedergabe von allgemein beschreibenden Bezeichnungen, Marken, Unternehmensnamen etc. in diesem Werk bedeutet nicht, dass diese frei durch jedermann benutzt werden dürfen. Die Berechtigung zur Benutzung unterliegt, auch ohne gesonderten Hinweis hierzu, den Regeln des Markenrechts. Die Rechte des jeweiligen Zeicheninhabers sind zu beachten.
Der Verlag, die Autoren und die Herausgeber gehen davon aus, dass die Angaben und Informationen in diesem Werk zum Zeitpunkt der Veröffentlichung vollständig und korrekt sind. Weder der Verlag, noch die Autoren oder die Herausgeber übernehmen, ausdrücklich oder implizit, Gewähr für den Inhalt des Werkes, etwaige Fehler oder Äußerungen. Der Verlag bleibt im Hinblick auf geografische Zuordnungen und Gebietsbezeichnungen in veröffentlichten Karten und Institutionsadressen neutral.

Einbandabbildung: © Melanie Cordini

Planung/Lektorat: Eva Brechtel-Wahl

Springer ist ein Imprint der eingetragenen Gesellschaft Springer Fachmedien Wiesbaden GmbH und ist ein Teil von Springer Nature.
Die Anschrift der Gesellschaft ist: Abraham-Lincoln-Str. 46, 65189 Wiesbaden, Germany

Geleitwort

Wir können unser Leben nicht planen, aber wir können es verstehen und lieben lernen wie ein Kapitän das Meer – das Steuer fest in der Hand.

Für alle, die auf ihrem Weg sind.
Willkommen auf dieser Reise!

Ich-Du-Er-Sie-Es – WIR!
  Der Kapitän kann Mark oder Heike, Jannis oder Stella heißen.
  Sie sind in diesem Buch immer angesprochen. Welchem Geschlecht Sie sich auch zugehörig fühlen, Sie sind in erster Linie Mensch!
  Egal welche Endung, egal welcher Artikel. Der Leserlichkeit zu Liebe nutze ich eine Sprache ohne Gender-Alternativen.

Herzliche Grüße
Ihre Melanie Cordini

Danksagung

- Danke an meine Familie, die mir den Weg geebnet hat.
- Danke an alle Menschen, die mich begleiten.
- Danke, Katja, für Dein Feedback und Deine positive Energie. Ohne Dich wäre das Buch nicht entstanden.
- Danke, Erik, für Deine akribische und konstruktive Kritik.
- Danke, Pino, für die Freiräume und Deinen technischen Support.
- Danke, Bianca, Wolf, Ute, Johannes, Kai-Olaf, Dani, Kerstin, Thierry, Hermann und Nina, für Eure Offenheit. Ihr habt durch unsere Gespräche mitgeschrieben.
- Danke, Josh, für Deine witzigen inspirierenden Kommentare.
- Danke, Anthea, für Deine kreativen Ideen, Bilder und das wunderschöne Mindmap.
- Danke an meine Klienten, die vertrauensvoll ihr Leben vor mir ausbreiten.
- Danke an meine Studenten für ihre schlauen Fragen und Ideen.
- Danke, Aneta, Emilia und Denis, für die inspirierende Auszeit.
- Danke, Axel, für die Liebe zum Coaching.
- Danke, Johannes, für die offenen Türen.
- Danke dem, der uns immer neue Türen auf den Weg stellt.
- Danke Wendepunkte – an Euch wachsen wir.

Inhaltsverzeichnis

Wegrecherchen

Erste Etappe – Was erwartet mich?	3
Leseanleitung – Buffet oder à la Carte?	3
Was Sie geboten bekommen	3
Wie Sie den Inhalt zu sich nehmen können	4
Willkommen am Wendepunkt!	5
Einleitung – auf geht's	5
Zweite Etappe – Standortbetrachtung	7
Der Wendepunkt – das unbekannte Wesen	8
Wendepunkte unter der Lupe	8
Typisch Wendepunkt!	10
Wendepunktarten	12
Entscheidungen – 1,2,3 go!	15
Prozess Teil 1: Wo stehen Sie?	15
Prozess Teil 2: Schließen Sie ab!	18
Prozess Teil 3: Gehen Sie los!	20
Fehlentscheidungen	20
Sicherheit – Umgang mit drei Unbekannten	22
Wissen	22
Vertrauen	26
Maßstäbe	28
Ist-Analyse: Worum geht es eigentlich?	30
Thema und Standort	31

Schlüsselfaktoren	32
Weggefährten	34
Motivation – was uns antreibt und glücklich macht	36
Extrinsische oder intrinsische Motivation?	37
Motive – die Quelle unserer Bedürfnisse	39
Unseren Motiven auf der Spur – Ihr privater Krimi	39
Ihr persönlicher Motivsteckbrief	40
Bestandsaufnahme – leere, volle und überlaufende Gläser	43
Unsere Motivstruktur – ein Partner fürs Leben	44
Motive wirken überall	45
Dritte Etappe – Selbstbetrachtung	**47**
Selbstreflexion – me, myself and I	47
Innere Stimmen	48
Angst	49
Angst aus der Vergangenheit	50
Angst aus Prinzip	51
Angst aus emotionaler Abhängigkeit	54
Angst vor dem Ungewissen	54
Bauchgefühl	56
Bauchgefühl aus biologischer Perspektive	57
Bauchgefühl aus gesellschaftlicher Perspektive	58
Das innere Team	59
Inneres Team – Teambesprechung	59
Inneres Team – Spieltaktik	61
Schuld	62
Wer hat sie und wen interessiert das?	62
Meine Schuld – Deine Schuld?	62
Nicht schuldig in allen (Wende-)Punkten!	63
Mein Weg – meine Entscheidung – meine Verantwortung	65
Hätte, wäre … über nutzlose Konjunktive	66
Wäre ich doch nicht…	66
Hätte ich doch…	68
Hier und jetzt	68
Einfluss sozialer Normen und Werte	69
Befestigte Wege, Trampelpfade oder Cross Country?	70
Welchen Weg gehen Sie?	71
Glaubenssätze – Unsere Kindheit begleitet uns	74
Minderjährige am Wendepunkt – das innere Kind geht mit	75

Vierte Etappe – Leben 79
Körper und Seele 79
  Unser Freund das Symptom 79
  Das Gesetz der Resonanz 80
  Im Dialog mit dem Symptom – Hören Sie zu! 82
  Innere Konflikte – Delegieren geht nicht! 84
Wendepunktklassiker 86
  Ein Blick ins Leben 86
Kinder – ein Dauerwendepunkt 86
  Loslassen – Die Aufgabe der ersten Hälfte 88
  Noch mehr loslassen – Die Aufgabe der zweiten Hälfte 91
Ruhestand – der unterschätzte Wendepunkt 94
  Endlich Zeit! – Unendlich Zeit! 95
  Sinn los! – Aus der Rolle gefallen 95
  Neue Rolle – neuer Sinn 99
Schulabschluss – der überschätzte Wendepunkt 100
  Berufung ade – von göttlicher Rangfolge und sozialem Status 100
  Aus der Schule ins Leben – wer will ich sein? Wo passe ich rein? 102
Private Trennung – der (un)angenehme Wendepunkt? 105
  Denke ich an Trennung, denke ich an…scheitern 106
  …gute Zeiten – schlechte Zeiten – andere Zeiten 107
  …Verlust 110
  …Verantwortung 111
  …Kinder 112
  …Schlechte Aussichten – schöne Aussichten – neue Aussichten 113
  …Selbstwert 114
  Freiheit… 115
  Zum Ende ein Anfang 116
Das Leben ist schön 118
  Meine Einsicht prägt die Aussicht 118
  Meine Wahl 119

Fünfte Etappe Mitreisende 121
Soundtrack 121
  Songbook zur Reise 121
Reisenotizen 122
  Ihr Wendepunktführer im Schnelldurchlauf 122
Personal Coaching 127
  Ihr persönlicher Travel Guide 127

Bereit für die Praxis

Trainingscamp 131
Übungen für Ihre Reise 131
  Mein Thema – Worum geht es genau? 132
  Status-quo-Analyse – Schlüsselfaktoren am Wendepunkt 133
  Systembrettübung – mein Thema dreidimensional betrachtet 135
  Die Rubikon Übung – In welcher Entscheidungsphase bin ich? 136
  Jetzt und später – Entscheidungskonsequenzen 137
  Schwarz-Weiß-Grau – mein persönlicher Fokus-Check 138
  Motivcheck – was ich will und brauche 139
  Die Wasserglasmethode – Bestandsaufnahme meiner Motive 141
  Achtsame Wahrnehmung – vom Ereignis zu meiner Reaktion 142
  Zeitreise – auf den Spuren meiner Vergangenheit 144
  Mannschaftsaufstellung – mein inneres Team 145
  Was lasse ich (nicht) los? Verlustängste erkennen und reduzieren 146
  Hier und jetzt – Entscheidungen abschließen 147
  Personal-SWOT – mein Wendepunkt ökonomisch betrachtet 148
  Versteckspiel mit dem inneren Kind – Glaubenssätze finden 150
  Das innere Kind stärken – Glaubenssätze neutralisieren 151
  Interview mit Symptomen – mein Körper als Wegweiser 152
  Die Arena vergrößern (Johari light) – Kommunikation leicht gemacht 154
  Think positive – die drei Tageshochs 155

Letzte Etappe – die Schatzkarte 157
Vergangenheit, Gegenwart, Zukunft – wie alles zusammen läuft und zusammenläuft 157

Literatur 161

Über die Autorin

© Micha Neugebauer,
michaneugebauer.com

Melanie Cordini ist seit 20 Jahren selbständig als systemischer Coach, Rednerin und Autorin. Viele Führungskräfte unterstützt sie bei der Rollenfindung oder -abgabe. Sie lehrt an der Universität Hannover zu den Themen Führung, Coaching und Life Balance. Nach ihrem Studium mit Schwerpunkt Sozialpsychologie war sie in den Bereichen Mitarbeiter-Recruiting und Personalentwicklung tätig und promovierte anschließend über das Entstehen von Vertrauen. Privat schreibt Melanie Cordini Songs, praktiziert Yoga und reist gerne. Die Autorin hat in den USA und Frankreich gelebt und wohnt heute mit ihrer Familie in Hannover.

„Ich habe in meinem Leben viele Wendepunkte erlebt: unfreiwillige, selbst gewählte, folgenreiche, schöne und weniger schöne. Rückblickend sind sie alle bereichernd. Seit über 20 Jahren begleite ich Menschen beruflich und privat durch ihre Lebenswendepunkte."
Melanie Cordini

Kontakt:

Website:
www.fuehrunggeber.de
(systemisches Coaching),

Blog:
allesdenkbar.de (Impulse für Lebensfreude und Veränderung)

Wegrecherchen

„Der Weitgereiste hat mehr von sich selbst gesehen als von der Welt"

Erste Etappe – Was erwartet mich?

In diesem Kapitel erhalten Sie eine kurze Anleitung zum Umgang mit diesem Buch sowie eine Kurzbeschreibung des Inhalts. Danach erfahren Sie, wie Standort- sowie Selbstanalyse und Lebenspraxis Ihre Wendepunkte prägen.

Leseanleitung – Buffet oder à la Carte?

Was Sie geboten bekommen

Liebe Leser,
   dieses Buch besteht aus zwei Teilen. Im ersten Teil, den Wegrecherchen, erhalten Sie verschiedene Impulse, die Sie am Wendepunkt benötigen, um Ihren Weg zu verstehen und die für Sie stimmige Richtung zu wählen. Wir analysieren zunächst sachlich die Situation am Wendepunkt. Dann folgt eine Reise in Ihre Psyche, anschaulich und auf Augenhöhe. Hier lernen Sie, warum Sie sich wie verhalten. Das ist Ihr Schlüssel zur Veränderung. Abschließend tauchen wir ins Leben ein und betrachten die Wendepunktklassiker Kinder, Schulabschluss, Ruhestand und private Trennung genauer. Hier können Sie sich am Praxisbeispiel selbst reflektieren. Zum Schluss erhalten Sie die Schatzkarte: Gestern, heute, morgen und wie alles ineinandergreift, immer nach dem gleichen individuellen Muster.

Für die passende Stimmung auf dem Weg habe ich einen Soundtrack zusammengestellt, der viele der Themen musikalisch begleitet. Sie finden ihn im Songbook. Mir hilft Musik auf meiner Reise immer. Sie macht das Leben für mich leichter oder noch schöner – je nachdem. Musik hat mich immer bei meinen Entscheidungen unterstützt. Vielleicht geht es Ihnen genauso.

In den Reisenotizen warten auf Sie die Kernaussagen aller Kapitel im Schnelldurchlauf.

Im zweiten Teil befindet sich das Trainingscamp. Sollten Sie beim Lesen denken: „Stimmt ist wichtig, aber wie setze ich das um?", finden Sie dort konkrete Praxisanleitungen.

Wie Sie den Inhalt zu sich nehmen können

Sie bevorzugen ein Menu à la carte in fein abgestimmter Reihenfolge? Sie sind eher der Buffettyp und suchen sich das aus, worauf Sie spontan Lust haben? Beide Angebote stehen zur Wahl.

Sie können sich chronologisch vom Inhaltsverzeichnis durch dieses Buch leiten lassen. Falls Sie sich aber die Dinge spontan nach Appetit aussuchen möchten, dann schauen Sie gerne auf das Mindmap. Alle Wege entspringen demselben (Wende-)Punkt. Dort ist Ihr Standort.

Starten Sie bitte mit der Einleitung und dem Kapitel Wendepunkte. Sie brauchen eine Grundlage, damit Sie den Inhalt gut verdauen und davon bestmöglich profitieren können. Danach entscheiden Sie selbst, worüber Sie mehr erfahren möchten. Jedes Kapitel steht für sich.

Lesen Sie wann und was Sie lesen wollen und nehmen Sie *nicht*, was Sie *nicht* lesen wollen. Denn wie schon Carsten Dusse in seinen Achtsamkeitsregeln formuliert:

> „Ein Mensch, der dauernd tut, was er will, ist nicht frei. Allein die Vorstellung, dauernd etwas tun zu müssen, hält gefangen. Nur ein Mensch, der einfach mal **nicht** tut, was er **nicht** will, ist frei."
>
> Karsten Dusse, aus „Achtsam morden"

> *Mit leichtem Gepäck*
> *…Eines Tages fällt Dir auf, dass Du 99 % nicht brauchst. Du nimmst all den Ballast und schmeißt ihn weg.*
> *Denn es reist sich besser mit leichtem Gepäck…*
> *(Song von Silbermond)*

Willkommen am Wendepunkt!

Einleitung – auf geht's

Auf unserem Lebensweg haben wir alle unser emotionales Gepäck dabei, manches ist leicht und nützlich, manches schwer und unnötig. Das merken wir insbesondere bei einem Richtungswechsel. Apropos:

Gut, dass Sie dieses Buch lesen. Sie können Wendepunkte sowieso nicht vermeiden. Unser Leben besteht daraus. Im Zweifel bleibt alles anders. Manchmal läuft auch etwas schief. Normal, so ist das Leben halt. Vielleicht stehen Sie gerade an einer Abzweigung. Natürlich wollen Sie Ihre Entscheidung optimal treffen. Möglicherweise denken Sie über die Wendungen nach, die Ihr Leben bereits genommen hat. Vielleicht fragen Sie sich, ob Sie irgendwo eine andere Richtung hätten einschlagen können. Haben Sie aber nicht.

Rückwärts betrachtet sieht eine Situation immer anders aus, als im Moment, in dem wir sie erleben. Niemand kann heute seine Erfahrungen von morgen nutzen. Wir können in jedem Moment unseres Lebens nur die jetzt für uns bestmögliche Wahl treffen. Das ist ein gutes Gefühl. Akzeptieren Sie das und lehnen Sie sich entspannt zurück. Jetzt können wir den Lösungsweg systematisch angehen. Das Ergebnis wird Sie überraschen.

Wir brauchen dafür:

1. eine genaue sachliche Betrachtung unserer aktuellen Situation,
2. einen ehrlichen Blick auf uns selbst, unsere Ängste, Bedürfnisse und Gewohnheiten,
3. den einen oder anderen Schlüssel, um das eigene Verhalten zu ändern.

Wie geht das? Sie lesen es in diesem Buch.

Wenn Sie gemeinsam durch den Wald wandern und an eine Wegkreuzung kommen, werden Sie sich wahrscheinlich absprechen, welchen Weg Sie weitergehen. Anders als im Wald, hat im Leben jeder von uns seinen eigenen individuellen Weg. Unsere Wege kreuzen sich manchmal. Wir gehen ein Stück zusammen oder ein ganzes Leben. Aber lassen Sie sich nicht täuschen. Es sind auch dann zwei Wege, wenn diese parallel verlaufen.

Ich höre oft den Satz: „Frau Cordini, was würden Sie tun an meiner Stelle?" Meine Standardantwort darauf ist: „Wollen Sie Ihre Lösung für Ihr Leben oder meine?". „Meine, natürlich!" Deswegen ist der Satz „Ich an Deiner Stelle …" auch nicht hilfreich. Ich bin nicht an Ihrer Stelle und

Sie nicht an meiner. Niemand ist das. Was mich glücklich macht, stresst Sie vielleicht. Was Sie ärgert, nimmt ein anderer eventuell nicht einmal zur Kenntnis. Was Sie brauchen, können nur Sie selbst entscheiden.

Wussten Sie, dass unser Unterbewusstsein bis zu 90 % unseres Verhaltens steuert? Es sind selten nur rationale Prozesse, die uns führen und lenken. Unsere Bedürfnisse und Instinkte sind außerdem schneller, auch wenn sie sich nicht immer durchsetzen. Oft richten wir uns unbewusst nach anerzogenen Verhaltensmustern und Überzeugungen anderer. Das Dumme daran ist, die machen uns nicht glücklich, weil sie nicht zu uns gehören.

Ich war sechzehn und an unserer Schule wurde ein Skikurs mit einer Skifreizeit in den Alpen angeboten. Meine Eltern fanden, das sei eine großartige Idee. Zu ihrer Zeit gab es so einen Luxus nicht. Meine Mutter ist immer sehr sportlich gewesen, sie liebt es, in Gesellschaft zu sein. „Ich an Deiner Stelle würde sofort mitfahren. Du wirst so viel Spaß haben!" Ich bin mitgefahren. Ich hatte keinen Spaß. Ich konnte mit den Kindern in meinem Kurs nichts anfangen. Konnte ich schon vor der Freizeit nicht. Ich wollte keine Gesellschaftsspiele spielen. Ich lag jeden Abend um 19.00 Uhr mit meinem Walkman im Etagenbett unseres Achtbettzimmers (ich mag keine Gruppenschlafräume). Ich habe Skifahren gelernt und war danach noch zwei Mal im Skiurlaub. Ich war danach froh, wieder zu Hause zu sein.

Sie sagen jetzt vielleicht, naja sechzehn, da weiß man noch nicht, was man will. Ich kenne **sechzig**jährige Geschäftsführer, die dasselbe feststellen: „Ich tue Dinge, die ich nicht will und setze Prioritäten, die nicht meine sind."

Wie kann das passieren?

Sie erfahren es in den nächsten Kapiteln.

> **Reisenotiz Auf geht's**
> Jede Veränderung beginnt im Kopf! Wir alle lernen ein Leben lang.

Zweite Etappe – Standortbetrachtung

In diesem Kapitel erfahren Sie, was Wendepunkte auszeichnet, wie Entscheidungsprozesse ablaufen und warum Fehlentscheidungen wichtig sind. Sie werden verstehen, wie Sie Sicherheit trotz Veränderung schaffen. Sie erkennen die Schlüsselfaktoren am Wendepunkt und lernen, wie Motivation entsteht und warum Ihre Motive maßgeblich darüber entscheiden, wie glücklich Sie sind.

> *Solsbury Hill*
> *…To keep in silence I resigned.*
> *My friends would think I was a nut.*
> *Turning water into wine,*
> *open doors would soon be shut.*
> *So I went from day to day,*
> *tho' my life was in a rut,*
> *till I thought of what I'd say,*
> *which connection I should cut.*
> *I was feeling part of the scenery.*
> *I walked right out of the machinery…*
> (Song von Peter Gabriel)

Der Wendepunkt – das unbekannte Wesen

Wendepunkte unter der Lupe

Wir kennen sie alle, die Türen auf unserem Weg und das Dilemma: Soll ich da durch gehen und gewohnte Verbindungen kappen oder nicht? Manchmal haben wir auch keine Wahl. Peter Gabriel hat sich diese Frage auch gestellt.

Jeder von uns erlebt den einen oder anderen Wendepunkt auf seinem Weg. Sie sind zeitlos, weil sie zum Leben gehören. Sie sind wichtig, weil sie die Weichen sind, die über unsere Zukunft entscheiden. Manche Wendepunkte sind deutlich erkennbar, andere verlaufen als schleichender unbewusster Prozess. Wenn Ihr Unternehmen fusioniert, ist es klar, dass sich Dinge verändern werden, wenn Ihre Kinder ausziehen ebenfalls. Die schleichenden Wendepunkte dagegen werden nicht von außen durch ein gravierendes Ereignis eingeleitet. Sie entstehen automatisch dadurch, dass wir uns verändern. Irgendwann passen wir nicht mehr in unser bisheriges Leben hinein. Stellen Sie sich das vor, als ob Sie aus einem Schuh herauswachsen. Der Schuh wird nicht schlechter, er passt nur nicht mehr.

Es ist wichtig, dass wir Wendepunkte bemerken. Leider ignorieren wir oft unsere veränderte Stimmung oder äußere Zeichen.

Als Andreas sich das erste Mal mit dem Thema Burnout beschäftigte, hatte er bereits ein halbes Jahr schlafloser Nächte hinter sich und eine seit längerem von seinem Verhalten irritierte Abteilung. Ihm war es schlicht entgangen, was mit ihm passiert war.

Andreas könnte jeder von uns sein, weil sich die wenigsten regelmäßig mit der eigenen Verfassung beschäftigen. Noch seltener fragen wir uns, wie diese eigentlich entsteht. Das gilt sowohl für unsere Stimmung als auch für körperliche Symptome. Schauen Sie gerne in Kapitel „Körper und Seele".

Wir können Wendepunkte sezieren, genauso wie unsere Reaktionen auf einen möglichen Richtungswechsel. Betrachten Sie alles im Detail. Lösen Sie es aus dem Zusammenhang. Dann ordnen Sie alles neu. Betrachten Sie zuerst Ihren Standort und sich selbst. Dann können Sie loslaufen.

Am Wendepunkt ändern sich die Umstände oder wir haben uns verändert, absichtlich oder gezwungenermaßen. Es kann bei uns Panik, Vorfreude, Angst, oder Begeisterung auslösen, je nachdem. Schulabschluss, Hochzeit, Familiengründung sind genauso Wendepunkte wie Kündigung, Trennung, Ruhestand, der Wechsel von der Fach- zur Führungskraft, der Schritt vom Angestelltenverhältnis in die Selbständigkeit, das Flüggewerden Ihrer Kinder oder gesamtgesellschaftlich betrachtet: Corona.

Wendungen, die wir als bedrohlich empfinden, nennen wir auch Krise. Krise! Viele verfallen allein bei dem Wort in Schockstarre. Unnötig! Eine Krise bedeutet nichts anderes, als dass die Umstände nicht mehr zu unserem Verhalten und Denken passen. Wir sind aufgefordert, etwas zu ändern! Denken Sie daran, dass jeder Wendepunkt zur Krise werden kann, wenn wir uns den neuen Umständen nicht anpassen.

Jens und Andrea waren voller Vorfreude endlich in ihre erste gemeinsame Wohnung gezogen. Doch schnell gibt es den ersten Streit. Jens will drei Mal die Woche zum Sport und freitags mit seinen Kumpels unterwegs sein. Andrea ist enttäuscht. „Bin ich ihm so unwichtig?" Jens dagegen fragt sich, warum Andrea keine Freunde nach Hause einlädt, wieso sie scheinbar keine Hobbys hat. Er fühlt sich verpflichtet, sie zu beschäftigen. Er hat ein schlechtes Gewissen, sich mit seinen Freunden zu treffen.

Die beiden hatten nicht berücksichtigt, dass Beziehung auch teilen, anpassen, loslassen und tolerieren bedeutet. So wird die erste gemeinsame Wohnung, auf die sie sich so gefreut hatten, schnell zum Zentrum von Krisenmanagement.

Die meisten von uns haben das Ende der Schulzeit herbeigesehnt, aber war uns auch klar, was diese Wegzweigung bedeutet? Wir durften plötzlich die Verantwortung für unseren beruflichen Werdegang übernehmen, Entscheidungen treffen, die unser Leben beeinflussen, unsere Tage selbst strukturieren, uns an neue Erwartungen gewöhnen. Vielleicht haben wir im zweiten Semester festgestellt, dass die Fachrichtung völlig anders war, als in unserer Vorstellung, dass alleine wohnen neben Freiheit auch einsam sein bedeuten kann. War uns vor der Geburt unseres ersten Kindes klar, wie sich der Sinn unseres Lebens verschiebt, ehemals relevante Dinge unwichtig werden, der Grad an Fremdbestimmung uns in die eigene Grundschulzeit zurückversetzt? Nur dass jetzt der Babysitter entscheidet, ob wir das Haus verlassen dürfen, und nicht unsere Eltern. War uns vor dem Wechsel von der Fachkraft zur Führungskraft klar, dass das Stellenprofil ein vollkommen anderes ist, dass Kompetenzen, mit denen wir uns vorher profiliert hatten, nun unwichtig waren?

Stefan war ein hervorragender Informatiker, der Beste in seiner Abteilung, schnell fand er bei kniffligen Problemen guten Lösungen. Sollten neue Anwendungen entwickelt werden, leistete er Pionierarbeit, auf die alle aufbauen konnten. Als Stefans Bereichsleiter in Ruhestand ging, war klar, er sollte sein Nachfolger werden. Stefan freute sich auf die neue Position. Ein Jahr später kündigte er. Alles, was ihn am meisten motiviert hatte, was er am besten konnte, programmieren, entwickeln, Systemfehler aufdecken, war nicht mehr seine Kerntätigkeit. Es ging jetzt um verhandeln, delegieren, entscheiden, Gremienarbeit,

Mitarbeitergespräche. Das machte ihm keinen Spaß und darüber hinaus war er nicht halb so gut darin. Er war Informatikexperte – kein Führungsexperte. Leider waren ihm die neuen Anforderungen an seine Rolle im Vorfeld nicht bewusst gewesen.

Alle Veränderungen haben etwas gemeinsam: Unsicherheit! Ihre Erfahrungen aus der Vergangenheit lassen sich nur bedingt auf die Zukunft anwenden. Sie wissen nicht, ob Ihr Verhalten jetzt die gleiche Wirkung hat wie bisher. Sie haben keine Ahnung, ob die Erfolgsfaktoren von gestern heute noch gelten. Sie malen sich ein Bild von der Zukunft, aber wie realistisch das sein wird, ist heute ungewiss. Sie können die Fragen Ihrer Mitarbeiter, Ihrer Kinder, Ihres Partners, oder Ihre eigenen, die mit „Was passiert, wenn…" beginnen, nicht beantworten. Manchmal sind Sie aufgefordert, darauf zu vertrauen, dass all das, was Ihnen heute Angst macht, morgen Normalität sein wird. Sie sind in der Verantwortung zu entscheiden. Es gibt kein Jein.

Wie gehen Sie mit dieser Unsicherheit um?

Das schauen wir uns jetzt an. Begleiten Sie mich und betrachten Sie Wendepunkteigenschaften genauer.

Typisch Wendepunkt!

Was ist typisch für einen Wendepunkt?

Die eine Sorte Wendepunkt verheißt, dass es noch besser werden kann, als es jetzt bereits ist. Sie sehen einen Schuh, der Ihnen noch besser gefällt als der, den Sie aktuell tragen. In diesem Fall ist die Aussicht verlockender als die aktuelle Situation. Das Kennzeichen heißt: Neugierde, Lust. Die andere Sorte Wendepunkt macht uns darauf aufmerksam, dass etwas nicht mehr passt – jetzt oder in Zukunft. Natürlich merken Sie das in der Regel. Sie merken ja auch, wenn Ihnen Ihr Schuh zu klein wird oder die Sommerjacke zu kalt, weil es jetzt schneit. Die Kennzeichen sind: Unzufriedenheit oder Unwohlsein.

Wenn Sie auf ihre innere Stimme hören, wird Ihnen die eigene Unzufriedenheit nicht entgehen. Woher kommt sie?

Es kann sein, dass Sie Dinge aus Gewohnheit tun, die Sie nicht mehr glücklich machen. Was hindert Sie daran, das zu ändern? Vielleicht denken Sie, Sie müssen es tun. Vielleicht haben Sie ein schlechtes Gewissen anderen gegenüber, oder Sie sehen keine sichere Alternative.

Möglich ist auch, dass sich ganz plötzlich, ohne Ihr Zutun, die Situation ändert, in der Sie sich wohl gefühlt haben. Sie haben keine Wahl. Sie müssen eine neue Richtung gehen. Ihr alter Weg endet hier überraschend. Dennoch können Sie sich schwer trennen. Woran kann das liegen? Sie haben Angst vor dem, was kommt? Sie schätzen die Vertrautheit? Es gibt Dinge, die Sie festhalten wollen? Warum? Schauen Sie auf die Etappe Selbstbetrachtung und Sie finden eine kleine Auswahl möglicher Antworten.

Übrigens, Wendepunkte, die wir freiwillig ohne Druck und mit Vorfreude angehen, sind ebenfalls sorgfältig zu prüfen.

Wenn wir vor allem Gutes erwarten, werden wir oft unachtsam. Wir vernachlässigen veränderte Anforderungen, die der neue Weg an uns stellt.

Mark erhielt das Angebot, für ein Jahr eine Abteilung seiner Firma in Japan aufzubauen. Er wollte immer schon ins Ausland und war begeistert. Er ging gerne auf andere Menschen zu, sprach Fehler offen an, auch eigene, und war bekannt als empathischer, verantwortungsvoller Vorgesetzter. Erforderliche Änderungen setzte er schnell um. Doch in Japan scheiterte er. Seine Offenheit wurde als anmaßend empfunden, Fehler kommunizieren als respektlos und verletzend, da es dem Gegenüber die Möglichkeit nahm, das Gesicht zu wahren. Mark merkte zu spät, dass ein Ja auf seine Fragen: „Haben Sie es verstanden?" oder „Wissen Sie wie…?" oft nur eine Strategie war, die Konfrontation zu vermeiden.

Wenn wir uns auf etwas Neues sehr freuen, übersehen wir gelegentlich, dass wir unangenehme Überraschungen erleben können. Jeder Wendepunkt birgt Gefahren (Abb. 1). Haben wir uns im Vorfeld damit beschäftigt, was die neue Situation von uns fordert oder in uns auslösen kann? Wenn mein neues Umfeld das, was mir wichtig ist und was ich mag, nicht teilt, führt das zu Konflikten. Möglicherweise führt es, wie hier, zum beruflichen Scheitern, wenn ich mein Verhalten nicht ändern kann oder nicht ändern möchte.

Was ist typisch für Wendepunkte?
1. Sie bringen *Unsicherheit*, weil sie etwas von Ihnen jenseits Ihrer Routinen verlangen.
2. Sie können *gefährlich* werden, wenn Sie sich der neuen Situation nicht anpassen.

Abb. 1 Achtung Wendepunkt!

Wendepunktarten

Bevor Sie eine Richtung wählen, ist eine genaue Analyse sinnvoll. Erkennen Sie zunächst, wo Sie stehen. Sie bauen ja auch kein Haus und ignorieren das Fundament. Mit welchem Typ Wendepunkt haben Sie es zu tun?

Ein Wendepunkt kann schleichend sein und sich über einen längeren Zeitraum erstrecken. Er kann plötzlich auftauchen, wie eine Kündigung. Er kann durch unsere eigene Veränderung entstehen oder durch eine Veränderung unseres Umfelds. Manchmal kommt beides zusammen. Manche Wendepunkte sind gewollt, andere nicht. Manche sind positiv andere negativ. Aber aufgepasst: Die Bewertung eines Wendepunkts liegt im Auge des Betrachters. Häufig können Sie allein mit Ihrem Fokus einen negativen Wendepunkt in eine positive Richtung verschieben. (Abb. 2) Machen Sie gerne die Übung „Schwarz- Weiß-Grau – mein persönlicher Fokus-Check" im Trainingscamp und schauen Sie, ob Sie tendenziell eher schwarz oder weiß sehen.

Soviel zur abstrakten Betrachtung. Begleiten Sie mich jetzt auf einen Ausflug und gewinnen Sie einen Eindruck, wie sich ein Wendepunkt anfühlen kann.

Stellen Sie sich vor, Sie haben schwimmen gelernt, schon vor langer Zeit. Sie schwimmen schon ewig in einem Fluss. Ist natürlich alles easy, wenn Sie gut schwimmen können. Sie sind einfach mit der Strömung unterwegs, machen Ihre Bewegungen und alles ist leicht. Dann kommen Sie an eine Stelle, da endet der Fluss in einem See oder mündet in eine Talsperre. Es geht nicht mehr voran. Oder da sind plötzlich Stromschnellen, im schlimmsten Fall ein Wasserfall. Alles, was Sie gelernt haben, bringt Sie jetzt nicht weiter. Vielleicht geraten Sie in Panik. Zumindest werden Sie unsicher. Wenn Sie jetzt so weiterschwimmen wie bisher, ist das eine Sackgasse – mit Sicherheit. Möglicherweise wird es sogar

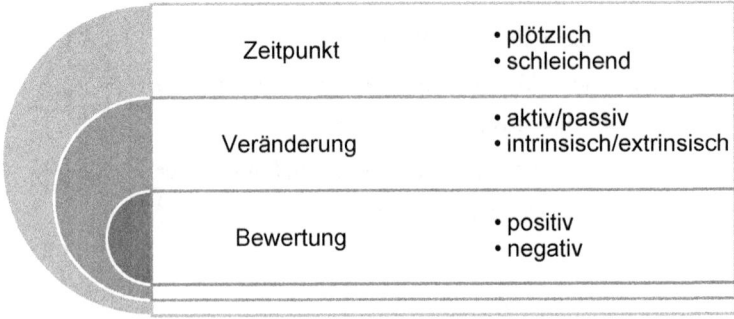

Abb. 2 Drei Kriterien bei der Wendepunktbetrachtung

böse enden. Sie befinden sich in einer Krise. In einigen Fällen sogar in einer, wo Sie schnell handeln müssen. Die Strömung wartet nicht. Wenn Sie rechtzeitig am Wasserfall aus dem Fluss steigen, Gefahr gebannt. Wenn Sie vor den Stromschnellen lernen, wie Sie dort vorbei schwimmen, auch gut. Egal welcher Fall eintritt, Sie könnten weiter vorankommen, wenn Sie Ihr Verhalten ändern. Zögern Sie dennoch?

Was ich eben beschrieben habe, ist ein reaktiver Wendepunkt. Sie tauchen in unserer Umgebung auf und wir sind aufgefordert, zu reagieren. Dass das nicht immer leicht ist, liegt nicht nur an mangelnden Möglichkeiten oder ungenügenden Fähigkeiten. Es liegt oft an uns selbst, an den Gefühlen und Gedanken, die uns daran hindern, aus dem Fluss zu steigen oder unseren Schwimmstil zu variieren.

Eine andere Situation: Der Fluss hat sich nicht verändert, aber Sie selbst. Vielleicht schwimmen Sie jetzt ganz anders und das geht in diesem Fluss nicht mehr so gut, oder Sie haben keine Lust mehr zu schwimmen, weil Sie das schon so lange machen. Sie würden eigentlich viel lieber laufen, aber Sie wissen nicht genau, wie beschwerlich das ist und ob Sie es schaffen. Sie wägen ab. Vielleicht nerven Sie auch die Fische, weil Sie die schon die ganze Zeit zwischen den Beinen haben, und Sie würden lieber in den Wald gehen und mal gucken, was da so rumläuft. Natürlich wissen Sie nicht genau, was Sie da erwartet. Nervig aber vertraut gegen vielversprechend, aber ungewiss. Was werden Sie tun?

Wenn Sie neugierig sind, können Sie auch jetzt schon in das Kap. „Entscheidungen - 1,2,3 go!" schauen.

Der eben geschilderte Wendepunkt ist schleichend, weil er in der Regel nicht von heute auf morgen entsteht, sondern in einem Prozess. Er ist aktiv, weil Sie sich verändert haben. Der Fluss bleibt wie er ist. Sie nehmen Ihn nur anders wahr, weil Sie mittlerweile anders empfinden. Sie entscheiden selbst, ob Sie den Fluss verlassen. Vielleicht tauchen Sie auch gelegentlich ab. Ärgern Sie sich über die Fische oder belasten Sie die Schwimmbewegungen? Unzufriedenheit! Sehen Sie spannende Dinge am Ufer, haben Sie richtig Lust, zu laufen? Neugierde! Das sind zwei verschiedene Arten von Motivation. In einem Fall wollen Sie weg aus Unzufriedenheit, im anderen wollen Sie hin aus Neugierde. Man nennt das auch Hin-zu- oder Von-weg-Motivation.

Bei Entscheidungen ist es wichtig zu erkennen, ob der Motivator vor mir steht und zieht oder hinter mir steht und schiebt.

Ein typischer schleichender Wendepunkt ist das Ende einer Beziehung. Normalerweise wachen Sie nicht morgens auf und stellen fest: Wir passen nicht mehr zueinander. Hier vollzieht sich ein längerer Prozess. Das Umfeld ändert sich, Sie, Ihr Partner/Ihre Partnerin verändern sich, oder beide. Das muss zunächst nicht bewusst sein. In der Regel führt es dazu, dass Dinge, die Sie ehemals verbunden haben, irgendwann nicht mehr existieren. Meist teilen Sie viele Gewohnheiten miteinander. Diese Vertrautheit kann eine Veränderung zunächst überdecken, auch weil wir Vertrautheit in der Regel mögen. Sie schafft uns Sicherheit. Eines Tages stellen Sie aber fest: Es geht nicht mehr. Wenn Sie sich dann rückwirkend fragen, wann hat das angefangen, werden Sie sehr sicher feststellen, nicht heute oder letzte Woche, eigentlich schon viel früher. Damals haben Sie es nur nicht bemerkt.

Ein vorhersehbarer Wendepunkt dagegen ist zum Beispiel der Auszug Ihrer Kinder. Interessanterweise beschäftigen sich wenige im Vorfeld damit. Kinder verändern alles: die eigene Beziehung, Prioritäten, Freizeit, Lebenssinn… Natürlich ist es eine massive Veränderung, wenn sie von einem Tag auf den anderen wieder aus unserem Alltag verschwinden.

Rolf war sich der Veränderung bewusst. Als der Auszug der beiden Kinder absehbar wurde, buchte er für sich und seine Frau einen Kurzurlaub und sagte ihr: „Bald sind unsere Kinder aus dem Haus. Lass uns ein paar Tage wegfahren und überlegen, was uns fehlen wird und wie wir unseren neuen Alltag gestalten werden. Wir sollten wissen, was wir mit der Zeit ohne sie machen, welchen neuen Sinn wir uns suchen."

Ein für uns alle bedeutender Wendepunkt ist zweifellos der Tod. Ihn zu bewältigen beinhaltet viele Aspekte: Glaube, Beziehungen, Lebenssinn, Lebenseinstellung und vieles mehr. Ich bin überzeugt, dass ich diesem Thema hier im Rahmen einer kurzen Abhandlung nicht gerecht werden könnte. Deswegen versuche ich es auch nicht.

Einige Wendepunkte, die vielen von uns im Laufe des Lebens begegnen, schauen wir uns im Abschn. „Wendepunktklassiker" genauer an.

> **Reisenotiz Wendepunkte unter der Lupe**
> Ich nehme Wendepunkte achtsam zur Kenntnis. Ich beobachte genau, was sie in mir auslösen.

Jein!
…Soll ich's wirklich machen oder lass ich's lieber sein?
Jein!…
(Song von Fettes Brot)

Entscheidungen – 1,2,3 go!

Prozess Teil 1: Wo stehen Sie?

„Jein!" Wie schade, dass es diese Wahl nicht gibt: Das Neue wagen, ohne den Verlust des Alten zu riskieren. Sie stehen am Scheideweg. Wie der Name vermuten lässt, hat das etwas mit Entscheidungen zu tun. Entscheiden Sie sich! Sich entscheiden, was bedeutet das eigentlich? Die Erklärungsansätze sind vielfältig. Ich habe uns die kurze Wikipedia Variante ausgesucht. Damit werden wir ausreichend beschäftigt sein.

> » „Unter **Entscheidung** versteht man die Wahl einer Handlung aus mindestens zwei vorhandenen potenziellen Handlungsalternativen unter Beachtung der übergeordneten Ziele."

Zwei Handlungsalternativen haben Sie am Wendepunkt immer:

- Erstens: passives Geschehenlassen
- Zweitens: aktives In-die-Hand-nehmen

Sie können nicht *nicht* entscheiden. Der österreichische Kommunikationswissenschaftler und Philosoph Paul Watzlawik stellte bereits im letzten Jahrhundert fest, dass wir immer kommunizieren. Egal, ob wir etwas tun oder nicht, alles löst eine Wirkung aus.

Wenn Sie sich entscheiden, verhält es sich genauso. Die Zeit läuft, auch wenn Sie nicht entscheiden. Sie entscheiden dann quasi, den Dingen ihren Lauf zu lassen, ohne Ihr aktives Zutun. Wollen Sie das? Vielleicht zögern Sie nur im Moment die Entscheidung hinaus, möglicherweise weil Sie aktuell unentschieden sind.

Unentschieden beim Fußball heißt, gleich viele Tore auf beiden Seiten. Im Entscheidungsfall gleich viele Argumente für beide Alternativen. So scheint der erste Eindruck jedenfalls.

Allerdings ist es etwas komplizierter. Nicht jedes Argument zählt gleichermaßen wie ein Tor. Ihre Bälle sind unterschiedlich schwer. Das können Sie nicht sehen. Sie müssen die Bälle schon in die Hand nehmen. Dann fühlen Sie es. Betrachten Sie Ihre Argumente genauer, um sich des unterschiedlichen Gewichts bewusst zu werden. Das eine Argument wiegt schwerer als das andere, weil es folgenschwerer ist oder einfach für Sie persönlich wichtiger, so ganz irrational. Da haben wir die zweite Besonderheit Ihrer Bälle. Sie haben zwei Arten von Argumenten. Sie spielen mit zwei Balltypen: mit Sachbällen und mit Emotionsbällen.

Die rationalen Analytiker unter Ihnen werden jetzt sagen: „Lassen Sie uns die Sachargumente gegenüberstellen und dann die Fakten entscheiden lassen." Die Impulsmenschen werden antworten: „Das fühlt sich komisch an."

Beides ist wichtig. Im Kap. „Ist-Analyse" beschäftigen wir uns ganz sachlich mit der Betrachtung des Status quo, dem Ausgangspunkt Ihrer Entscheidung, Ihrem Wendepunkt. Auf der zweiten Etappe Selbstbetrachtung finden Sie alle Faktoren, die Sie aufgrund Ihrer Gefühle und Gedanken bei Ihrer Entscheidung beeinflussen. Möglicherweise hat es eine Bedeutung, dass Letzteres wesentlich länger ist.

Welche Bedürfnisse steuern unsere Entscheidungen? Nicht jedes Ihrer Bedürfnisse ist Ihnen bewusst. Mist, Sie haben also auch noch unsichtbare Bälle, die in Ihren Toren liegen. Sie sehen sie nicht, aber Sie fühlen sie, meistens im Bauch. Wir nennen das Bauchgefühl oder auch Intuition. Wer steht auf der rationalen Seite, wer auf der emotionalen? Wie sortieren Sie das auseinander? Geht das überhaupt?

Der Sortierprozess ist wichtig für Ihre Entscheidung, deswegen gibt es dazu ein ganzes Kapitel „Bauchgefühl". Schon mal vorab, unser Bauch arbeitet schneller als unser Gehirn, sagen uns die Neurowissenschaftler.

Zurück zur Entscheidung. Wer verdient den Sieg? Wie schwer wiegen die einzelnen Argumente? Sehen Sie alle Bälle in den Toren?

Was ist vielversprechender? Da wollen Sie hin (Abb. 3).

Die Zeit, die wir uns für eine Entscheidung lassen, kann in einigen Fällen die Auswirkung unserer Entscheidung beeinflussen. Sie wollen Zeit, um mehr Wissen zu sammeln, damit Sie größere Sicherheit haben. Das mag in

Abb. 3 Unentschieden? Die drei Motivbälle

vielen Fällen sinnvoll sein. Sie wollen richtig entscheiden. Beachten Sie aber auch, dass die Verzögerung Ihrer Entscheidung Ihre Einflussmöglichkeiten reduzieren kann.

Wenn Sie lange zögern, durch eine bestimmte Tür zu gehen, kann es sein, dass einige Türen dahinter nicht mehr offen sind.

Sophia überlegt, ein Schuljahr im Ausland zu verbringen. Es gibt viele Möglichkeiten: private Kontakte, Organisationen, Stipendien. Je später sie sich bewirbt, desto größer ist die Wahrscheinlichkeit, dass die Anmeldefristen für ein Stipendium abgelaufen sind oder der private Kontakt noch eine andere Anfrage hatte und sich für diese entschieden hat.

Das Konsequenzenmodell aus Mikael Krogerus und Roman Tschäppeler „50 Erfolgsmodelle. Kleines Handbuch für strategische Entscheidungen" bildet die mögliche Gefahr des zu langen Hinauszögerns einer Entscheidung ab: Je schneller die Entscheidung, desto weniger Wissensgrundlage, je später die Entscheidung, desto mehr Wissen, desto geringer ist vielleicht der Entscheidungsspielraum.

Überlegen Sie an Ihrem Scheideweg, ob das für Ihre Entscheidung von Bedeutung sein könnte.

Natürlich gibt es die Möglichkeit glücklicher Zufälle, die das Prinzip aushebeln können. Das Modell berücksichtigt nicht den umgekehrten Fall, dass sich Türen erst zu einem späteren Zeitpunkt öffnen. Glück für den, der gezögert hat.

Eine neue Schule macht just zu dem Zeitpunkt auf, als Sophia sich endlich für das Auslandsjahr entschieden hat. Gerade hat diese Schule ein Programm für ausländische Schüler auf die Homepage gestellt und es gibt noch freie Plätze.

Glück haben können Sie immer. Es stellt sich die Frage, ob Sie es in jedem Fall herausfordern möchten.

Lassen Sie uns kurz zusammenfassen: Wir sind immer noch bei den Argumenten im Entscheidungsprozess und beim richtigen Zeitpunkt.

- Wichtig oder unwichtig?
- Rational oder emotional?
- Bewusst oder unbewusst?
- Jetzt oder später?

Beeinflussen sich unsere rationalen und emotionalen Gründe? Vermischen sie sich womöglich? Kann ich die emotionalen beeinflussen? Die kurze Antwort lautet: Ja. Die lange Antwort finden Sie auf der dritten Etappe „SelbstBetrachtung".

Was beeinflusst die Relevanz unserer Argumente? Warum ist Ihnen ein Aspekt wichtiger als der Kollegin oder Ihrem Partner? Darauf geben unsere Motive eine Antwort. In diesem Buch steht das genauer im Kapitel „Motivation – was uns antreibt und glücklich macht".

Können wir unser Unterbewusstsein anzapfen, um mehr Klarheit über die Entscheidungskriterien zu haben? Können wir. Schauen Sie im Trainingscamp bei der „Systembrettübung - mein Thema dreidimensional betrachtet" vorbei.

Sie wissen im Entscheidungsfall:

1. Was die schwerwiegenden Argumente sind – schwere und leichte Bälle.
2. Mit welcher Art von Argumenten Sie es zu tun haben – Emotionsbälle oder Sachbälle.
3. Dass unbewusste Argumente mitspielen – unsichtbare Bälle.

Damit haben Sie alles zusammen, was Sie für Ihr Entscheidungsfundament brauchen. Sie können jetzt die Bälle zählen.

Prozess Teil 2: Schließen Sie ab!

ENTscheidung. Wissen Sie, was die Vorsilbe in der deutschen Sprache bedeutet? Ich war neugierig und habe es recherchiert – mit sehr aufschlussreichem Ergebnis:

- **ENT – zurück zum Ausgangszustand** – also von unzufrieden nach zufrieden. Ich behaupte, dass Zufriedenheit unser idealer Ausgangszustand sein sollte. Das heißt, bei Unzufriedenheit sollte eine Entscheidung anstehen. Erinnern Sie sich? Viele Wendepunkte sind gekennzeichnet durch Unzufriedenheit.
- **ENT – Ausdruck eines Wegnehmens oder Weggehens** – Sie nehmen einen Weg und Sie gehen Ihn dann bitte auch. Oder passiv betrachtet: Ein Weg wird Ihnen *weg*genommen, weshalb Sie *weg*gehen – einen anderen Weg gehen.
- **ENT – entfernen** – Sie entfernen sich vom Gewohnten oder Ihnen wird etwas Vertrautes entfernt. Verlust. Mehr dazu finden Sie im Kapitel „Angst".
- **ENT – Beginn von etwas** – Endlich zu guter Letzt dürfen Sie sich mit Ihrer Zukunft beschäftigen. Aber erst dann – kein Bau ohne Fundament.

Im Coaching wundern sich Klienten oft, dass sie trotz konkreter Vorstellungen, wie sie Ihren neuen Weg gehen werden, dennoch zögern. Stellen Sie sich einen Fluss vor. Das alte Ufer ist Ihr bisheriger Weg. Der Neue startet am anderen Ufer.

Sie ahnen es, da gibt noch etwas zu tun, bevor Sie dort weitergehen können. Richtig, den Fluss überqueren. Das hängt mit den ENTs zusammen. Wegnehmen und Weggehen. Oft ist das schmerzhaft. Mit Verlusten ist zu rechnen, mit Sicherheit. Deswegen sagt der Schweizer Soziologe Peter Groß auch:

> *„Die Möglichkeit ist des Menschen liebste Wirklichkeit."*
> Peter Groß

Solange Sie noch am Ufer stehen und über Ihre Möglichkeiten nachdenken, haben Sie beides. Jein! Fakt ist aber: Ihre Möglichkeiten werden erst wirklich, wenn Sie diese in die Realität umsetzen.

Oft hindert uns unsere Blickrichtung am Losgehen (Abb. 4). Manchmal schauen wir tendenziell eher zurück und nicht nach vorne. Bei Entscheidungen, vor denen wir uns scheuen, ignorieren wir oft, dass die getroffene Entscheidung uns neue Optionen öffnet. Wir schauen zurück und zögern, durch die Tür zu gehen und diese hinter uns zu schließen. Damit wäre uns der Weg zurück versperrt. Wenn wir allerdings nach vorne schauen würden, sähen wir, dass hinter der neuen Tür viele andere Türen auf

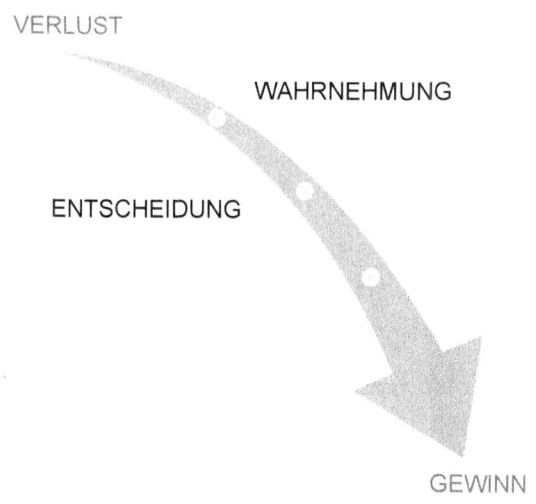

Abb. 4 Entscheidungsrichtung

uns warten, die bereits offen sind. Sinnvoll oder? Denn vorne liegt unsere Zukunft.

Ich hatte mal ein T-Shirt mit der Aufschrift: „Don't look back. You are not going this way!" Wie wahr! Wenn Sie am Wendepunkt nur nach hinten schauen, sehen Sie, was Sie verlieren. Den möglichen Gewinn werden Sie erst sehen, wenn Sie auch in Ihre Zukunft blicken.

Nun gibt es Butter bei die Fische! Sie haben lange genug am Ufer gestanden und abgewogen. Springen Sie jetzt bitte ins kalte Wasser. Das heißt, es gibt kein Zurück. Entweder richten Sie Ihren Fokus auf den neuen Weg oder Sie bleiben auf dem alten. Aber dann hören Sie bitte auf, sehnsüchtig übers Wasser zu schauen. Genießen Sie das Gras auf Ihrer Seite. Fragen Sie sich, ob Sie schon mitten im Fluss sind oder doch am alten Ufer stehen und langsam kalte Füße bekommen? Für mehr Klarheit empfehle ich Ihnen die Rubikon-Übung im Trainingscamp (Die Rubikon Übung - In welcher Entscheidungsphase bin ich).

Prozess Teil 3: Gehen Sie los!

Super, Sie stehen am neuen Ufer oder am alten. Egal, Sie haben sich entschieden und können jetzt weiter gehen. Planen Sie strukturiert Ihre Route. Schauen Sie auf Ihr zukünftiges Terrain: Was sind die Risiken? Wo liegen die Chancen? Schauen Sie auf sich selbst: Welche Eigenschaften werden mich voranbringen, welche bremsen mich aus?

Für die Strategieentwicklung eines Unternehmens ist eine SWOT-Analyse hilfreich. Sie strukturiert und sortiert die Chancen und Risiken. Die können Sie auch gut für Ihren persönlichen Weg benutzen, wenn Sie Ihre Antworten klar und übersichtlich vor Augen haben wollen (Trainingscamp: Personal-SWOT – Mein Wendepunkt ökonomisch betrachtet).

Fehlentscheidungen

> *„Erfolge sind das Resultat richtiger Entscheidungen. Richtige Entscheidungen fällt man durch Erfahrung. Erfahrung basiert unter anderem auf falschen Entscheidungen."*
> *Steve Jobs, Gründer von apple*

Wie Herr Jobs bemerkt, ist eine zentrale Eigenschaft neuer Ufer, dass Sie dort noch über keine Erfahrungen verfügen.

Sie stehen am neuen Ufer. Sie haben noch keinen Plan, wie das Terrain ist. Sie haben keine Erfahrungswerte, welche Strecken die besten sind.

Sie wissen auch noch nicht, welche Orte besonders schön sein werden. Vielleicht wollen Sie sich nicht verirren. Sie werden sich auch mal irren. Natürlich, Sie sind nicht allwissend. That's life. Nehmen Sie es leicht.

Angenommen, Sie haben die SWOT-Analyse Ihres neuen Weges vor sich. Betrachten Sie eher die Risiken und Schwierigkeiten oder die Chancen und Ihr Potenzial? Wundern Sie sich, warum Sie immer auf dieselbe Seite schauen? Lesen Sie das Kapitel „Motivation – was uns antreibt und glücklich macht" und gehen Sie in die „Selbstreflexion – me, myself and I".

Vermutlich hat jeder von uns das schon zu sich gesagt: „Meine Entscheidung war falsch." Ich empfehle Ihnen, dieses Wort in diesem Kontext aus Ihrem Repertoire zu streichen. Wo Sie gerade dabei sind, vielleicht überlegen Sie gleich, wann es überhaupt sinnvoll ist, es zu benutzen. Nach meiner Erfahrung ist der Gebrauch des Wortes „falsch" ausgesprochen inflationär.

Sprechen Sie anstelle von richtigen und falschen Entscheidungen lieber von nützlichen oder hilfreichen. Das sind sie fast alle, entweder jetzt oder später (außer die tödlichen).

Anders formuliert: Die falschen Entscheidungen sind die Momente, in denen wir lernen. Die richtigen Entscheidungen sind die Aktionen, mit denen wir Gelerntes erfolgreich umsetzen oder auf unsere Intuition hören, falls unser Gehör gut genug ist (Kapitel „Bauchgefühl").

Richtig und falsch, Fehler und Erfolg. Sie ahnen schon, das eine geht nicht ohne das andere. Es bedingt sich. Es gehört zusammen, wie Yin und Yang oder Ebbe und Flut.

Im Unternehmen A waren Fehler verpönt. Alle waren aus Angst vor Sanktionen darauf bedacht, alles richtig zu machen. Die Folge: Jeder, der eine Idee hatte, wie man Dinge anders machen könnte, jede, die etwas Neues einbringen wollte, hielt sich zurück. Es könnte ja schief gehen und dann würde es Ärger geben. Im Unternehmen B dagegen war die Anweisung, mindestens x neue Veränderungsvorschläge pro Jahr einzureichen. Klangen diese interessant, gab es ein extra Budget für „Try and Error". Was glauben Sie, passierte? Es wurde einiges an Budget verbrannt für Ideen, die scheiterten. Der Gewinn durch die umsetzbaren Ideen übertraf diese Summe jedoch bei Weitem.

Sicher fühlt sich Erfolg besser an als Lernen durch Misserfolg, aber bedenken Sie bitte, es sind zwei Seiten derselben Medaille.

„Lernen heißt nicht, die Dinge von Anfang an richtig machen."
Angela Merkel

Ja, machen Sie bitte Fehler.

> **Reisenotiz Entscheidungen**
>
> Ich sortiere aufmerksam meine Argumente. Dann beantworte ich mir ehrlich, ob ich zum anderen Ufer will oder nicht.

> **Reisenotiz Fehlentscheidungen**
>
> Fehlentscheidungen nützen mir meist zu einem späteren Zeitpunkt. Ich wertschätze sie als Lernprozess. Sie gehören dazu.

„Am Wendepunkt stehen keine Wegweiser"
   Charlie Chaplin

Sicherheit – Umgang mit drei Unbekannten

Unsicherheit ist ein typisches Merkmal von Wendepunkten. Wie schon Charlie Chaplin erkannte, suchen Sie hier die Wegweiser in Ihrem Kopf vergeblich. Logisch, das resultiert daraus, dass Sie nicht in die Zukunft schauen können. Woher bekommen Sie jetzt die Sicherheit, damit Sie entspannt die neue Richtung einschlagen können? Ich schlage Ihnen drei Möglichkeiten vor:

Wissen

Unsicherheit resultiert unter anderem aus einem Mangel an Wissen. Das können Sie aufstocken. Sie haben es am Wendepunkt mit einer Rechnung mit drei Unbekannten zu tun.

Erstens Ihrem aktuellen Standort. Der ist Ihnen in der Regel so vertraut, dass Sie sich seiner Einzelheiten und deren Bedeutung für ihr Leben nicht bewusst sind. Eine gründliche IST-Analyse ist ungemein wichtig. Wenn Sie nicht wissen, was Sie verlassen, können Sie auch nicht wissen, was genau Ihnen fehlen wird. Sie werden auch nicht wissen, was Sie endlich los sein werden oder was Ihnen schmerzhaft auf die Füße fallen wird auf dem neuen Weg. Fragen Sie nach und geben Sie sich selbst Feedback, wie es Ihnen geht und was Sie daran hindert, Dinge zu ändern. Fragen Sie gerne auch Ihr Umfeld, Menschen, die Sie gut kennen und die Ihnen vielleicht den ein oder anderen blinden Fleck in Ihrer Selbstwahrnehmung aufzeigen können.

Sie halten das für unnötig? Dann schauen Sie in das Kapitel „Ist-Analyse: Worum geht es eigentlich?". Sie werden überrascht sein, was Sie alles noch nicht wussten über Ihre aktuelle Situation.

Die Abteilung von Lars sollte mit einem anderen Bereich zusammengelegt werden. Seine Mitarbeiter hier mitzunehmen war für Lars eine große Herausforderung. „Aktuell geht es um Informationen über unseren neuen Weg. Das ist der Fokus unserer momentanen Situation. Das ist es, was meine Mitarbeiter brauchen", war am Anfang seine klare Überzeugung. Diese sollte sich ändern. Tatsächlich ging es um unterschiedliche Ängste und Bedürfnisse, die nur am Rande mit fehlenden Informationen zu tun hatten. Es war von Lars also eine ganz andere Gangart auf dem neuen Weg gefordert, als er ursprünglich gedacht hatte.

Angenommen, Sie haben alle Details der aktuellen Situation unter die Lupe genommen. Ihnen ist nichts entgangen. Wirklich? Im Auge des Betrachters liegt vieles, allerdings selten der Betrachter selbst. Wie geht es Ihnen aktuell? Wissen Sie genau warum? Welche Faktoren sind dafür verantwortlich? Können Sie das ändern? Können Sie sich ändern? Hier haben Sie die Unbekannte Nummer zwei.

Ob Sie in einer neuen Situation glücklich werden, hat nicht zuletzt mit Ihnen selbst zu tun. Wir haben immer zwei Möglichkeiten, mit unserem Schicksal umzugehen: als Opfer der Umstände oder als Mitgestalter. Wenn Sie sich für den ersten Weg entschieden haben, können Sie jetzt aufhören zu lesen. Vergessen Sie auch den Teil 2 „Bereit für die Praxis" in diesem Buch, bringt eh nichts. Sie sind ja der Überzeugung, dass Sie selbst keinen Einfluss auf Ihr eigenes Leben haben. Vielleicht überlegen Sie aber auch, was Sie in diese hilflose Rolle gebracht hat. Viele haben die eine oder andere Erfahrung gemacht, in der sie keinen Einfluss nehmen konnten. Vielleicht sind Sie in einem Umfeld aufgewachsen, das grundsätzlich dieser Überzeugung war. Jetzt könnten Sie Ihren Einflussmöglichkeiten eine neue Chance geben. Wollen Sie mitgestalten?

Die Leser, die mitgestalten wollen, können sich schon mal für die Kapitel „Ist-Analyse: Worum geht es eigentlich?" und „Motivation – was uns antreibt und glücklich macht" warm machen. Sehen Sie genau hin, was Sie am Alten hält und was Sie am Neuen reizt oder stört. Was ist der Ursprung von Sorgen und Bedenken? Haben die überhaupt was mit Ihnen zu tun? Das ist oft nicht der Fall. Dann schleppen Sie Fußangeln mit sich herum, die Sie sich nicht selbst angelegt haben, geschweige denn behalten wollten.

Achim ist eine souveräne Führungskraft. Er hat das Angebot, eine Bereichsleiterposition zu übernehmen. Eine Sache bereitet ihm jedoch Kopfzerbrechen. In den Führungssitzungen scheitert er immer an einem Kollegen. Sobald dieser das Wort übernimmt ist Achim wie blockiert und kann sich nicht an der Diskussion beteiligen, selbst wenn er anderer Meinung ist und diese gerne durchsetzen würde. Im Rahmen einer Biografie-Arbeit (mehr dazu im Trainingscamp „Zeitreise – auf den Spuren meiner Vergangenheit") stellt er fest, dass diese Verhaltensweise noch aus seiner Kindheit rührt. Damals mussten alle still sein, wenn der Vater das Wort ergriff. Achims Reaktion hat folglich nichts mit der aktuellen Situation zu tun. Da der Kollege ein ähnliches Verhalten an den Tag legt wie sein Vater damals, rutscht Achim automatisch in das alte Kindheitsmusters und fühlt sich auch so.

Näheres zu derartigen Mustern finden Sie im Kap. „Glaubenssätze – Unsere Kindheit begleitet uns". Bevor Sie sich auf den Weg machen, gehen Sie in ein ernsthaftes Gespräch mit sich selbst und leuchten Sie auf die blinden Flecken Ihrer Selbstwahrnehmung. Es wäre ärgerlich, auf dem neuen Weg von Ihrer eigenen Reaktion ausgebremst zu werden.

Wir haben noch die dritte Unbekannte, den neuen Weg. Woher Wissen nehmen? Einige von Ihnen können auf frühere Erfahrungen zurückgreifen. Aber Vorsicht, verfallen Sie nicht in die Pauschalverurteilung: „Habe ich schon versucht, war Mist, wird eh nicht klappen." Wenn Sie aus einer Erfahrung lernen wollen, sollten Sie sich schon die Chance einer Zweiten geben. Denken Sie daran: Situationen sind nie exakt wiederholbar, weil wir nie mit derselben Erfahrung wie beim ersten Mal agieren.

Wie sammeln Sie noch Wissen über Ihren neuen Weg? Sie können Feedback einholen von Leuten, die diesen Weg schon gegangen sind, oder Erkundigungen über die Wegbeschaffenheit einziehen. Ihr Arbeitgeber bietet Ihnen einen Aufhebungsvertrag an. Haben Sie Bekannte, die in einer ähnlichen Situation waren? Kennen Sie Juristen, die Sie über die rechtlichen Konsequenzen und Alternativen aufklären können?

Sie überlegen, sich selbstständig zu machen? Was gibt es an Fachliteratur, wer hat Erfahrung? Wer kennt Sie gut genug, um Ihnen Feedback zu geben, warum Sie in ihren oder seinen Augen der Typ dafür sind oder nicht.

Sie stehen vor einer privaten Trennung? Sie erwarten eine ernste gesundheitliche Diagnose? Wessen Rat wäre für Sie hilfreich? Wer kann gut zuhören, oder einfach gut trösten? Manchmal brauchen wir keinen Rat, sondern einfach nur: „Ja ich weiß, wie es Dir geht und jetzt heul einfach los, ist ok." Mitgefühl!

Sie rechnen am Wendepunkt mit drei Unbekannten (Abb. 5). Sie haben Möglichkeiten, alle drei zu reduzieren, komplett los werden Sie sie nicht. Sie rechnen bestenfalls mit Wahrscheinlichkeiten.

Eine Restunsicherheit bleibt. Christallkugeln gibt es noch nicht, da beißt die Maus keinen Faden ab. Jetzt ist ein guter Moment, um „Thinking out of the box" auszuprobieren.

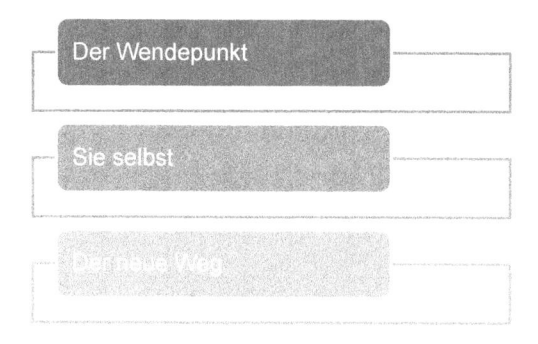

Abb. 5 Wissen am Wendepunkt

Erstmals wurde das Neun-Punkte-Problem beschrieben in Samuel Loyds „Cyclopedia of 5000 Puzzles" von 1914 (Abb. 6). Versuchen Sie, alle neun Punkte mit maximal vier geraden Linien zu verbinden, ohne dabei den Stift abzusetzen. Lesen Sie erst dann weiter.

Haben Sie es geschafft? Die meisten versuchen die Linien innerhalb der gedachten Außenlinien des Quadrats zu ziehen. Niemand hat diese Begrenzung vorgegeben. Die machen Sie in Ihrem Kopf. „Thinking out of the box" bedeutet außerhalb gedachter Grenzen oder gewohnter Pfade zu agieren. Ihr Kopf stößt immer wieder an die Wand *Wissensmangel*. Sie brauchen Wissen, um Ihre Unsicherheit zu reduzieren. Die gedachten Pfade führen Sie nicht zum Ziel. Wirklich? Brauchen Sie die gedachte Box, um die neun Punkte zu verbinden? Wer sagt das, außer Ihrer Routine. Denken Sie neu! Gehen Sie weiter über die Grenzen in Ihrem bisherigen Denken hinaus.

Die Schule, in der Emma Schulleiterin ist, befand sich seit vier Wochen im Homeschooling. Die weniger EDV-affinen Lehrkräfte taten sich schwer mit der Anwendung der neuen Tools. Emma versuchte die Lehrkräfte so untereinander zu vernetzen, dass diese sich gegenseitig unterstützen konnten. Die Terminfindung für entsprechende Plattformen gestaltete sich äußerst schwierig. Innerhalb der Box „Lehrer-helfen-Lehrern" wurden die Linien eifrig hin und

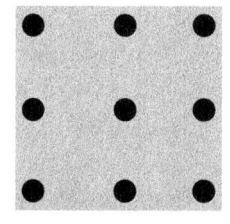

Abb. 6 Das Neun-Punkte-Rätsel

hergezogen, ohne Erfolg. Irgendwann stellte jemand die Frage, ob es denn zwingend Lehrer sein müssten, die ihren Kollegen Hilfestellung böten. Viele Schüler wären wesentlich fitter in der Anwendung und seien im Moment der Umsetzung sowieso anwesend. Außerdem würde es das Verhältnis zueinander fördern, wenn sich die Lehrer-Schüler-Rolle in diesem Fall umkehren würde.

Vertrauen

Wenn Sie Ihre Unsicherheit nicht durch mehr Wissen reduzieren können, dann halt anders. Sie können sie zum Beispiel mit Vertrauen kompensieren. Das ist hilfreich, vor allem in Situationen, die Sie nicht kontrollieren können.

Stefan stand mit seinem Unternehmen vor dem Wendepunkt Homeoffice. Er war unsicher, vor allem bezüglich der Überprüfung von Arbeitsleistung. Könnte man irgendwie die Arbeit am Computer überwachen? Kamera? Verboten! Er hatte von einer Möglichkeit, die Mausbewegungen zu messen von einem Bekannten gehört. Aber was sagt die Bewegung der Maus darüber aus, zu welchem Zweck das passiert? Nichts!

Kontrolle ist ein beliebtes Instrument, Unsicherheit zu reduzieren. Aber Vorsicht, sie kann auch das Gegenteil auslösen, nämlich beim Gegenüber: Wieso wird plötzlich an meinem Engagement gezweifelt? Bin ich nicht vertrauenswürdig? Darüber hinaus sind manche Dinge einfach nicht kontrollierbar.

Hermann stand vor der gleichen Herausforderung wie Stefan, seine Reaktion war anders: „Ich stelle mir diese Fragen nach Überwachung nicht, das entspricht nicht meinem Weltbild. Ich gehe erstmal davon aus, dass jeder sein Bestes gibt. Ich spare dadurch viel Zeit, die ich in Gespräche mit meinen Mitarbeitern investiere. Da erfahre ich eine Menge über den Umgang mit der neuen Situation. Das gibt mir Sicherheit."

Vertrauen vergrößert nicht Ihr Wissen, aber es schaltet einen Teil Ihrer Grübeleien über mangelndes Wissen aus, wie ein Lichtschalter. Das Wissen fehlt immer noch, aber der Mangel steht nicht im Rampenlicht, Sie können weitergehen, ohne sich davon ablenken zu lassen.

Wenn Sie vertrauen, fürchten Sie nicht, dass...Sie fragen sich auch nicht, ob..., Sie gehen erstmal davon aus, es wird gut. Eine positive Erwartung zieht Positives an, eine negative Negatives, so sagt zumindest das Resonanzgesetz. Angenommen, Sie sind auf einer Feier Ihrer neuen Nachbarn eingeladen. Wenn Sie befürchten, dass Sie die Leute dort nicht mögen, wird das Ihre Stimmung beeinflussen, mit der Sie in die Situation gehen. Diese

Stimmung wiederum wirkt auf Ihr Gegenüber. Voilà, schon haben Sie eine ungünstige Ausgangssituation geschaffen, bevor Sie den ersten Satz miteinander sprechen. Natürlich können Sie trotzdem einen schönen Abend haben. Sie freuen sich darüber vielleicht besonders, weil dieser Ihre negativen Erwartungen übertroffen hat.

Angenommen, Sie übernehmen eine neue Abteilung. Sie wissen nicht, ob Sie mit dem Team klarkommen werden. Sie können sich das immer wieder fragen, aber Sie werden keine Antwort haben. Sie können nur abwarten. Was machen Sie, während Sie abwarten? Läuft eine komplette Vorschau aller Möglichkeiten? Dann sind Sie auf alles vorbereitet und haben eine pragmatische Einstellung gegenüber der Zukunft. Denken Sie nur darüber nach, wie schön es werden könnte, wenn alles passt? Malen Sie bereits in dunkelsten Farben am Worst-Case-Szenario? Dann frage ich Sie jetzt, was ist der Nutzen? Falls Sie der dunkle Denk-Typ sind, erfreuen Sie sich an der Übung: „Achtsamen Wahrnehmung – vom Ereignis zu meiner Reaktion" im Trainingscamp. Manchmal richtet sich unser Misstrauen nicht auf das Umfeld, sondern auf uns selbst. Wenn ich meinem eigenen Urteil nicht traue, wenn ich mir meinen eigenen Weg nicht zutraue und ich meinen Fähigkeiten misstraue, bin ich selbst das Hindernis. Wie groß ist Ihr Selbstvertrauen? Wie stark ist Ihr Selbstwertgefühl? Mögen Sie den einzigen Menschen, der Sie auf jedem Weg begleitet? Respektieren Sie ihn? Wie gut kennen Sie ihn? Auf der dritten Etappe „Selbstbetrachtung" steigen wir tiefer in dieses Thema ein.

Sie kennen das Prinzip der „self-fulfilling prophecy", der selbsterfüllenden Prophezeiung? Wenn ich der Überzeugung bin, dass eine Frau kein Team von Männern führen kann, steigt die Wahrscheinlichkeit, dass es mir nicht gelingt. Wenn ich mir sicher bin, ich werde die Krankheit nicht mehr los, wird allein meine Überzeugung darauf hinarbeiten, dass das auch zutrifft. Unsere Gedanken, positiv wie negativ, setzen Energien frei, die unser Leben mitgestalten und die in Situationen auf der Kippe zum Zünglein an der Waage werden können.

Sie sind gedanklich immer noch beim Scheitern? In vielen Fällen kann ein Plan B Vertrauen erleichtern. Wohl gemerkt, Sie sollen nicht in düsteren Vorahnungen schwelgen. Es geht allein um die pragmatische Frage: Was mache ich, wenn es nicht funktioniert? Nehmen Sie sich die Zeit, das einmal zu durchdenken und kurz mögliche Lösungen aufzuschreiben. Bewerten Sie diese nicht. Allein der Gedanke, dass es für diesen Fall Möglichkeiten gibt, wird Sie beruhigen. Sie können jetzt auf den neuen Weg gehen, wie der Akrobat aufs Drahtseil, aber mit Netz.

Maßstäbe

Es gibt noch einen dritten wichtigen Aspekt, der Ihnen Sicherheit am Wendepunkt geben kann. Vorausgesetzt, Sie nehmen ihn bewusst zur Kenntnis. Sie wissen nicht, ob Sie sich unter den neuen Bedingungen noch adäquat verhalten. Welche Maßstäbe gelten?

Wenn Ihr neues Umfeld andere Erwartungen an Sie hat, können Sie versuchen, diese herauszufinden, indem Sie sich aktiv Feedback holen. Sie stocken also Ihr Wissen auf. Darüber hinaus werden Sie Feedback vermutlich in Form von Kritik bekommen. Die Situation ist neu. Haben Sie Verständnis für andere und sich selbst. Welchen Einfluss das Thema Maßstäbe auf das Gelingen eines Neuanfangs hat, zeigen folgende Beispiele.

Frau Müller tritt hoch motiviert die Position der internationalen Vorstandsassistentin an, um in kurzer Zeit festzustellen, dass Vorstand Schulze eigentlich jemand zum Diktieren seiner deutschen Briefe sucht. Erwartungen können nur enttäuscht werden, wenn unterschiedliche Vorstellungen bestehen. Herr Meier erleidet am ersten Tag als Projektleiter in einer IT-Firma einen Kulturschock. Nach einer Kurzvorstellung über Ziele und Anforderungen seines Projektes und den Worten „Dann legen Sie mal los!" steht er etwas ratlos vor seinen neuen Mitarbeitern. In seinem letzten Betrieb gab es einen konkreten Einarbeitungsplan und eine vierwöchige Übergabe.

Bedenken Sie: Uns vertraute Maßstäbe wandern früher oder später in unser Unterbewusstsein. Sie werden uns erst wieder klar, wenn wir sie nicht erreichen oder andere dagegen verstoßen. Regelmäßig passiert das bei der Einarbeitung an einem neuen Arbeitsplatz. Wir kennen die neuen Maßstäbe noch nicht. Wir sind noch unsicher, fragen viel nach, machen Fehler. Irgendwann haben wir die Arbeitsabläufe gelernt und die Erwartungen verinnerlicht. Veränderung kann anstrengend sein. Sie fühlen sich vielleicht wie ein Radfahrer bei Gegenwind und haben möglicherweise Zweifel, ob Sie das schaffen, bis Routine und Vertrautheit kommen – Rückenwind.

Es gibt Wendepunkte, die viele gleichzeitig betreffen, wie der spontane Wechsel ins Homeoffice infolge Corona zum Beispiel. Hier haben Sie eine komplett neue Arbeitssituation. Möglicherweise passt die nicht mehr zu den alten Maßstäben.

Anette hat zwei kleine Kinder. Sie wird unsicher, wenn diese in eine Videokonferenz mit ihren Kunden platzen oder wenn sie Hausaufgaben betreut und dabei einen Anruf überhört. „Vielleicht denken die anderen, ich arbeite nicht genug und mache mir hier einen gemütlichen Tag zu Hause." Anette quält das eigene schlechte Gewissen, wenn sie während der Arbeitszeit im privaten Umfeld eine private Situation erlebt. Arbeit ist Arbeit, Privatleben ist Privatleben. Work auf der einen Seite, Life auf der anderen. Gilt die Trennung im Homeoffice noch? Ist sie sinnvoll, oder überhaupt machbar?

Menschen sind Gewohnheitstiere. Allerdings erfordern neue Anforderungen auch neue Maßstäbe. Wenn alle zu Hause sind und jeder arbeitet, sitzt das Kind halt mal auf dem Schoss, wenn es anders nicht geht. Egal, was gestern üblich war. Ihr Handy klingelt. Sie essen gerade mit Ihrer Familie. Wie reagieren Sie? Ignorieren Sie es? Stürzen Sie mit Handy und Teller ins Arbeitszimmer? Einer meiner Kunden lebt hier seine neuen Maßstäbe den Mitarbeitern vor. Er geht bewusst kurz ran: „Ich esse gerade mit meiner Familie und rufe gleich zurück." Neuer Maßstab: Familie gehört dazu und hat gelegentlich Vorrang. Das ist ok!

Leben heißt Veränderung. Wir brauchen Fixpunkte, um die Orientierung zu behalten. Wir könnten als Gesellschaft nicht funktionieren, ohne uns an gewisse Regeln zu halten. Denken Sie allein an Rushhour ohne Verkehrsregeln. Gerade weil sich alles verändert, ist allerdings eine regelmäßige Überprüfung unserer Maßstäbe wichtig, am Wendepunkt besonders. Passen sie noch? Wäre es hilfreich, meine Maßstäbe zu verändern?

Unterscheiden Sie gut zwischen von außen vorgegebenen Maßstäben und Ihren eigenen. Die Eigenen können Sie jederzeit ändern, wenn diese nicht mehr zu Ihnen passen. Vielleicht stoßen Sie auch auf den einen oder anderen Maßstab, den Sie irgendwann übernommen haben, und der Ihr Leben mittlerweile sabotiert (Kap. „Glaubenssätze – Unsere Kindheit begleitet uns").

Welcher Maßstab passt zu der neuen Situation? Denken Sie an den Fluss, den Sie verlassen, um an Land weiterzugehen. Wenn Sie aus dem Fluss gestiegen sind und jetzt im Wald unterwegs sind, werden Sie Ihr Tempo auch nicht mehr am Schwimmstil oder der Strömung festmachen. Sie schauen, was Ihr Vorankommen hier beeinflusst und suchen sich neue Maßstäbe. Der ein oder andere ist vermutlich vorgegeben. Unsere heutige Gesellschaft erfordert generell ein Leben mit rasanten Maßstabwechseln. Die Halbwertzeit von Wissen reduziert sich stetig. Entwicklungen von morgen stellen Grundsätze von heute schon wieder infrage. Deshalb ergibt es durchaus Sinn, unsere Maßstäbe regelmäßig kritisch zu hinterfragen. Selbst wenn kein Wendepunkt in Sicht ist.

Wissen und Maßstäbe bringen Sicherheit, der Rest ist Vertrauen (Abb. 7).

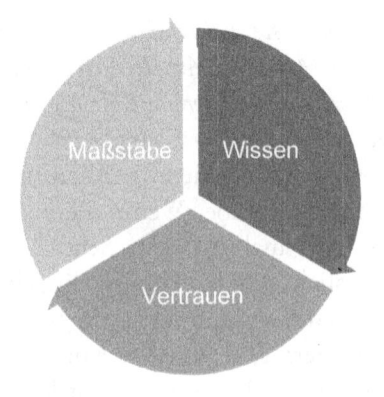

Abb. 7 Entscheiden mit Sicherheit

> **Reisenotiz Sicherheit**
> Was ich wissen möchte, finde ich heraus. Ist das nicht möglich, vertraue ich auf das Beste. Ich passe meine Maßstäbe der neuen Situation an.

Vacation
…Every single day 'cause I love my occupation.
A-a-ay, I'm on vacation.
If you don't like your life, then you should go and change it…
Close my eyes, sometimes can feel as if I float away.
I love the life I live and enjoy the ride along the way…
(Song von The Dirty Heads)

Ist-Analyse: Worum geht es eigentlich?

Die Dirty Heads bringen es auf den Punkt. Wenn Sie Ihr Leben nicht mögen, dann ändern Sie es. Mögen Sie Ihr Leben? Sie kennen das Sprichwort: Man sieht den Wald vor lauter Bäumen nicht. Das trifft Ihre Herausforderung in diesem Moment ziemlich gut. Sie sind im Leben unterwegs wie auf einer Wanderung. Haben Sie genug Abstand, um sich umzudrehen und den zurückgelegten Weg zu betrachten? Schauen Sie nach vorne, und überlegen Sie, was Sie dort erwarten könnte? Wie sieht es jetzt gerade aus bei Ihnen? Für eine Entscheidung über den weiteren Weg sind alle drei Aspekte wichtig.

Es ist gut zu wissen, woher Sie kommen und wer Sie heute sind, damit Sie entscheiden können, was in der Zukunft für Sie wichtig sein wird. Die Momentaufnahme ist der Schlüssel, damit Sie verstehen, worum es Ihnen eigentlich geht.

Thema und Standort

Wir starten mit Ihrer Standortanalyse. Wo befinden Sie sich aktuell? Sie können ja auch nicht Ihre Wanderroute wählen, wenn Sie keine Ahnung haben, wo Ihr Ausgangspunkt ist.

Kennen Sie Ihr Thema? Natürlich kennen Sie Ihr Thema. „Das ist banal", denken Sie möglicherweise. Ist es nur auf den ersten Blick. Nehmen wir die Flussmetapher als Beispiel:

Sie schwimmen mit Ihrem Team im Fluss. Der neue Weg führt in den Wald. Sie wollen raus, aber alle zögern. Sie schauen ans Ufer. Klar, die Böschung ist steil, zu steil. Das Thema lautet: Böschung überwinden. Sie denken, keiner will aus dem Wasser steigen, weil die Böschung zu steil ist. Sie bauen eine Treppe und gehen davon aus, damit ist alles gut. Aber keiner geht hoch. Warum nur? Bei genauerer Betrachtung der Situation fällt Ihnen plötzlich auf: Es geht überhaupt nicht um die Steigung. Die sind alle nackt, und denen ist das peinlich. Sie wollen lieber im Wasser bleiben.

Wenn sie Ihr Thema nicht kennen, sind Sie noch nicht auf den neuen Weg vorbereitet. Was nützt Ihnen eine Treppe, wenn Sie Klamotten brauchen? Begeben Sie sich im Trainingscamp gerne auf Themenfindung „Mein Thema – Worum geht es genau?".

Zurück zur Realität. Sie stehen am Wendepunkt und ich frage Sie nach Ihrem Thema. Könnten Sie es mir erklären? Das könnten Sie wahrscheinlich – in zwei Sätzen oder in fünf. Vielleicht hätten wir auch einen ganzen Tag Zeit dafür. Ich möchte es von Ihnen aber kurz und knapp hören, in einem Wort! Wenn Sie das haben, kennen Sie den Kern Ihrer Motivation. Den brauchen Sie als Fundament, damit Sie nicht steckenbleiben. Ein Wort, mehr nicht. Je ausschweifender Sie Ihr Thema formulieren, desto größer ist die Gefahr, dass sich dort Inhalte einschleichen, die sekundär sind. Wie die Böschung in meinem Beispiel. Kommen Sie auf **Ihren** Punkt. Nicht darauf, was außerdem noch B und C für wichtig halten, oder für D angemessenes Verhalten wäre, oder, oder…

Die lange Begründung ist die die Schale, das eine Wort, der Kern. Seien Sie zu diesem Zeitpunkt bitte nicht oberflächlich. Nur wenn Sie aus Ihrem tiefsten Inneren ehrlich zu sich selbst sind, finden Sie die Argumente, die Sie auf den für Sie richtigen Weg bringen.

Nach meiner Erfahrung kann die große Mehrheit von uns im ersten Anlauf nicht auf den Punkt bringen, worum es bei ihrem Thema wirklich geht. Deswegen ist es besser, Sie arbeiten nicht mit dem Begriff, den Sie für Ihr Thema halten, sondern mit dem Gefühl, das es in Ihnen auslöst. Das täuscht nie.

Vielleicht sagen Sie jetzt: „Ach nee, Gefühle, damit wollte ich mich jetzt nicht beschäftigen. Ich will eine klare, sachliche Strategie. Ich will Fakten." Vorsicht! Rein sachliche Aspekte allein pushen Sie nicht dahin, wo Sie hingehören. In der Regel sind es auch selten rein sachliche Aspekte, die Ihren Weg letztendlich sabotieren können. Das sind Ihre Emotionen.

Sabine ist Bereichsleiterin in einem mittelständischen Unternehmen. Sie führt zu wenige Personalgespräche mit ihren Mitarbeitern, da ihr Terminkalender immer voll ist. Sie möchte das gerne ändern und an ihrem Zeitmanagement arbeiten. Sie nennt Ihr Thema daher Zeitmanagement. Im Laufe des Coachings stellt sie fest: Die Zeit wäre eigentlich da. Der Grund, weshalb sie die Gespräche nicht führt, liegt ganz woanders. Wann immer sie ihre Zeit und Aufgaben koordiniert, setzt sie unbewusst die Mitarbeitergespräche an die letzte Stelle. Oft bleiben sie dann aus. Woran liegt das? Sabine stellt fest, dass sie es nicht gerne macht. Sie hat kein großes Interesse an zwischenmenschlichen Gesprächen und somit auch nicht an diesem Teil ihrer Führungsaufgabe. Ihr eigentliches Thema lautet Mitarbeitergespräche. Das Gefühl, das sie dabei verspürt: Abneigung. Es macht ihr einfach keinen Spaß. Das war ihr bisher nicht klar. Sie dachte ernsthaft, es sei ein Zeitproblem. Es geht also nicht um neu organisieren, sondern um neu orientieren, nämlich von der Führungs- in die Expertenlaufbahn.

Wundern Sie sich nicht, wenn sich auch Ihr Thema ändern sollte. Das zeigt lediglich, dass Ihr Denken Fortschritte macht und Sie sich weiterentwickeln. Ordnen Sie am Anfang der Ist-Analyse nicht alles gleich fest in Schubladen ein. Es ist wahrscheinlich, dass Sie vieles umsortieren werden.

Schlüsselfaktoren

Sie kennen Ihr Thema. Was hängt alles damit zusammen? Was ist wichtig, zu berücksichtigen, bevor Sie die Richtung ändern? Ihre Motive und Werte haben einen entscheidenden Einfluss auf Ihre Drehung am Wendepunkt. Wenn Sie diese ignorieren, kann es sein, dass Sie falsch abbiegen. Ihre Motive bestimmen Ihre intrinsische Motivation. Was treibt Sie an, nach vorne oder rückwärts? Dahinter stecken Ihre persönlichen Bedürfnisse. Welche werden aktuell befriedigt, welche nicht? Ein unbefriedigtes Bedürfnis verursacht immer Unzufriedenheit, die Aussicht auf Befriedigung verursacht Lust oder zumindest Appetit. Bei Aussicht auf eine schlechtere Bedürfnisbefriedigung verharren Sie vielleicht in Schockstarre oder gehen zurück.

Angenommen, Ihre Firma bietet Ihnen unerwartet einen Aufhebungsvertrag an. Wendepunkt! Sollen Sie gehen oder (erstmal) bleiben? Welches Ihrer Bedürfnisse fühlt sich in diesem Moment angesprochen? Geht es Ihnen primär um finanzielle Sicherheit? Empört sich gerade Ihr Gerechtigkeitssinn? Fühlt sich Ihr innerer Frieden massiv gestört? Steht die Trennungsangst im Vordergrund?

Wenn Sie Ihre Bedürfnisse nicht kennen, riskieren Sie eine Entscheidung zu treffen, die Sie nicht glücklich machen wird. Damit das auf keinen Fall passiert, gibt es das Kapitel: „Motivation – was uns antreibt und glücklich macht". Sie lernen dort nicht nur, wie Sie Ihre eigenen Motive erkennen und behandeln, sondern auch, wie Sie mit den Motiven anderer umgehen. Das ist nicht nur am Wendepunkt wichtig, sondern bei jeder Interaktion.

Was ist mit Ihren Werten im Beispiel Aufhebungsvertrag? Werden die gerade beachtet? Bedroht? Wollen Sie zur Entspannung, zu finanzieller Sicherheit, zur Rache, oder einfach zurück zur alten Vertrautheit? Wenn Sie das nicht wissen, geht es Ihnen wie Alice im Wunderland.

Alice kam an eine Wegkreuzung und fragte: „Welche Richtung soll ich einschlagen?". „Wo willst Du hin?", antwortete die Katze. „Ich weiß es nicht!" erwiderte Alice. „Dann", sagte die Katze, „ist es egal."
aus Lewis Caroll: Alice im Wunderland

Unsere Werte sind die Maßstäbe, nach denen wir im Idealfall handeln und urteilen. Wenn unsere Werte verletzt werden, ist das für uns selbst verletzend. Wenn Pünktlichkeit ein wichtiger Wert von Ihnen ist, werden Ihnen unpünktliche Menschen viel Ärger bereiten. Ist Perfektion Ihr wichtigster Wert? Schauen Sie bitte nicht zu genau auf die Grafiken in diesem Buch. Meiner ist es nämlich nicht.

Passung ist ein wichtiges Wort am Wendepunkt. Wenn Sie in eine neue Richtung gehen, prüfen Sie, welche Werte Sie dort erwarten. Sie werden nicht alles schon heute wissen, aber das ein oder andere sicherlich. Im Vergleich zu Ihrer aktuellen Situation, wo wird es Differenzen geben, wo vielleicht neue Übereinstimmungen (Abb. 8)? Schauen Sie nach der aktuellen Schnittmenge und nach der, die Sie zukünftig erwarten wird. Wo würden Sie Kompromisse eingehen? Welche Werte sind Ihnen besonders wichtig? Diese sollten in der Schnittmenge liegen.

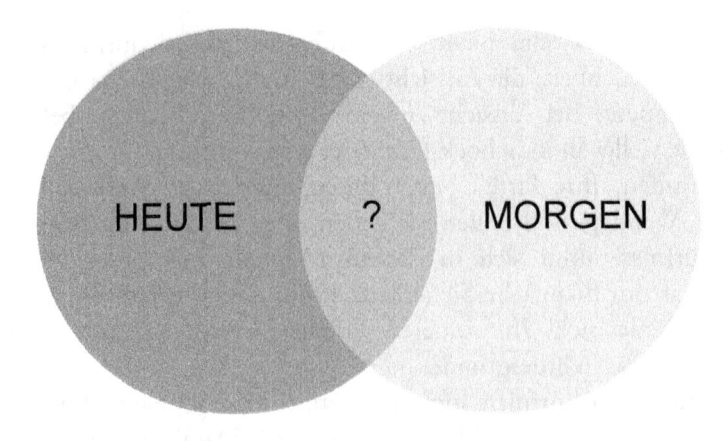

Abb. 8 Werteschnittmenge

Oft ist die Lage nicht eindeutig. Bevor Sie sich der Passung mit fremden Werten widmen, sollten Sie wissen, wie es um Ihre eigenen bestellt ist. Wie wichtig ist Ihnen zum Beispiel Leistung? Haben Sie Spaß daran, Verantwortung zu übernehmen? Brauchen Sie es harmonisch? Ist es Ihnen wichtig, dazuzugehören?

Sie haben viele Motive und viele Werte, die von Ihrer Situation betroffen sind und „mitreden" wollen. Wie die Argumentierenden in einer Diskussion haben auch Ihre Motive und Werte unterschiedliche Standpunkte. Dass nennt man einen inneren Zwiespalt. Machen Sie sich diesen bewusst und handeln Sie ein faires Ergebnis aus. Wie das geht, finden Sie im Trainingscamp unter „Mannschaftsaufstellung – mein inneres Team."

Neben den Schlüsselfaktoren, die Sie selbst mit Ihrer Persönlichkeit an einem Wendepunkt beisteuern, gibt es natürlich das äußere Umfeld (Abb. 9). Welche Personen sind für Ihr Thema relevant, welche äußeren Umstände, Regeln, Erwartungen, Abhängigkeiten… sind wichtig für Ihre Entscheidung? Verschaffen Sie sich einen Überblick und konzentrieren Sie sich auf die zentralen Faktoren. Eine einfache Methode, das umzusetzen, finden Sie im Trainingscamp unter „Status-quo-Analyse – Schlüsselfaktoren am Wendepunkt".

Weggefährten

Sie schauen jetzt auf die wichtigsten Faktoren Ihres Wendepunktthemas. Das sollten maximal fünf sein. Es sind mehr? Machen Sie eine Rangliste und konzentrieren Sie sich nur auf die ersten fünf Plätze. Das sind Ihre

Innen	Außen
Werte	Personen
Motive	Umstände
Emotionen	Beziehungen
Erfahrungen	Regeln
Konflikte	Konflikte

Abb. 9 Schlüsselfaktoren am Wendepunkt

Weggefährten. Sie spielen eine wichtige Rolle für Ihre Veränderung. Was immer sich auf Ihrem neuen Weg verändert, sie alle sind davon betroffen. Sie werden mit den Reaktionen konfrontiert werden. Wie wollen Sie damit umgehen?

Stellen Sie sich vor, Sie erhalten eine ernste gesundheitliche Diagnose. Sie wissen nicht, wie es weitergeht. Der neue Weg heißt: Leben mit Ungewissheit, vielleicht mit Einschränkungen. Was ist jetzt für Sie relevant? Wer oder was ist betroffen? Familie, Freunde, Sicherheit, Lebenssinn, Freiheit… Wie gehen Sie damit um? Was oder wer kann Sie unterstützen? Wie groß ist Ihr Einfluss auf diesem Weg? Vermutlich ist er größer als Sie glauben.

In diesem Beispiel ist der Wendepunkt nicht selbst gewählt, aber Sie haben trotzdem die Wahl, wie Sie damit umgehen. Das macht einen großen Unterschied. Besuchen Sie gerne das Kapitel „Das Leben ist schön" oder gehen sie zur Übung „Achtsame Wahrnehmung – vom Ereignis zu meiner Reaktion" im Trainingscamp.

Bei vielen Wendepunkten haben Sie selbst die Wahl. Sie können sich Ihre Weggefährten in Ruhe anschauen und dann entscheiden, welcher Weg Ihnen mit diesem Team die meiste Freude bereiten wird.

Ein Weggefährte, der Sie immer begleiten wird, ist Ihre Vergangenheit. Egal, ob Sie es wollen oder nicht. Viele Ihrer Gedanken, Überzeugungen und emotionalen Reaktionen sind Produkte Ihrer Erfahrungen. Nicht jeder Gedanke ist hilfreich, nicht jede Reaktion von Ihnen gewollt. Ihre Vergangenheit schreibt mit an Ihrer zukünftigen Lebensstory. Gerne macht sie das auch in unbewusster Form als Glaubenssatz. Das kann gefährlich werden, weil Glaubenssätze oft dazu führen, dass Sie nach Werten handeln, die nicht Ihre eigenen sind. Sie folgen alten Mustern und wenden Strategien an, die damals hilfreich waren, aber heute vielleicht stören.

In Stefans Familie gab es immer eine klare Überzeugung: „Nur wenn Du alles richtig machst, sind wir mit Dir zufrieden." Diese Überzeugung hatte er dermaßen verinnerlicht, dass er es nicht wagte, Fehler zuzugeben. Er traute sich auch nicht, ein neues Angebot einer interessanten Firma anzunehmen. Er war sich einfach zu unsicher, ob er dort alles richtig machen würde.

Schauen Sie gerne nochmal in das Kapitel „Glaubenssätze – Unsere Kindheit begleitet uns", um sich vor derartiger Sabotage am Wendepunkt abzusichern.

Wenn Sie an einem wichtigen Wendepunkt nicht weiterkommen, nehmen Sie sich die Zeit und schauen Sie zurück auf wichtige Erfahrungen und Ereignisse in Ihrem Leben. Was hat Sie bis heute geprägt? In der Regel sorgt das für ausreichend Klarheit, um zu wissen, wo Sie stehen (Übung „Zeitreise – auf den Spuren meiner Vergangenheit" im Trainingscamp).

> **Reisenotiz Status quo**
>
> Was habe ich bereits erlebt, wo stehe ich jetzt und wohin will ich? Was ist mir auf dem Weg wichtig, wer und was begleitet mich?

Jetzt ist schön
…Du bist, was Du liebst und nicht, wer Dich liebt.
Und jetzt los! Unterwegs, mach es gut…
(Song von Michy Reincke)

Motivation – was uns antreibt und glücklich macht

Was ist Motivation? Motivation ist eine Energie, die Sie zu einem bestimmten Verhalten antreibt. Wohlgemerkt, unter Verhalten fällt euphorischer Aktionismus genauso wie lähmende Schockstarre. Bevor wir uns näher damit beschäftigen, wie das funktioniert, unterscheiden wir intrinsische und extrinsische Motivation. Dieser Unterschied ist enorm wichtig für Ihr Wohlbefinden. Das eine kann Sie langfristig glücklich machen, das andere dagegen nicht.

Extrinsische oder intrinsische Motivation?

Ich lasse meine Studenten den Unterschied dieser beiden Motivationsarten gerne mithilfe von Spielzeugautos erleben. Haben Sie eins zur Hand? Dann können Sie gleich mitmachen. Ich lade Sie zu einem kleinen Experiment ein (Abb. 10). Die Aufgabe ist einfach: Sorgen Sie dafür, dass das Auto fährt bzw. rollt. Lesen Sie erst danach weiter.

Die Teilnehmer dieses Experiments kommen üblicherweise zu folgenden Lösungen: anschubsen, pusten, ziehen, schiefe Ebene bauen. Dann folgt die nächste Frage: Wie lange bleibt das Auto in Bewegung? Die Dauer variiert je nach Methode. Etwas haben allerdings alle Versuche gemeinsam: Die Fahrt ist endlich. Irgendwann bleibt das Auto stehen, es muss wieder angestoßen oder auf die schiefe Ebene gesetzt werden.

Was Sie gerade erlebt haben, ist ein praktisches Modell für extrinsische Motivation. Wenn wir durch einen extrinsischen Reiz motiviert werden, dann muss dieser Reiz in bestimmten Abständen wiederholt oder verstärkt werden. Ansonsten bleibt mit der Zeit die gewünschte Reaktion aus. Die Psychologie spricht hier vom Anpassungsniveau. Menschen tendieren dazu, auf externe Reize auf Basis eines neutralen Ausgangspunkts zu reagieren. Dieser wandelt sich mit unserer Erfahrung und auch mit unserer Gewöhnung. Angenommen, Sie bekommen eine Gehaltserhöhung. Die Verfügbarkeit über mehr Geld ist dauerhaft. Die Motivation, die dieser Unterschied im Vergleich zu Ihrem alten Gehalt emotional in Ihnen ausgelöst hat, verschwindet mit zunehmender Gewöhnung an die neue Summe. Sie können diese Gewöhnung vergleichen mit dem langsamen Ausrollen des Spielzeugautos in unserem Experiment. Wenn die Wirkung des externen Antriebs nachlässt, verliert das Auto an Fahrt. Das ist extrinsische Motivation. Sie ist absehbar.

Abb. 10 Was setzt uns in Bewegung?

Vielleicht haben Sie eben bei dem Wort Antrieb schon aufgehorcht. Unser innerer Antrieb ist die Alternative zu extrinsischer Motivation: intrinsische Motivation. Sie werfen selbst den Motor an, und Ihr Auto fährt ganz von alleine, egal ob bergauf oder bergab. Zugegeben, irgendwann müssen Sie tanken. Das hat aber nichts mit fehlender Motivation zu tun. Das sind Grundbedürfnisse. Wir müssen essen, trinken und schlafen, sonst fallen wir um. Treibstoff ist entsprechend das Grundnahrungsmittel Ihres Autos. Unsere intrinsische Motivation hat den Vorteil, dass wir dauerhaften Zugriff auf sie haben und, genauso wichtig: Sie kommt in der besten Absicht, uns langfristig glücklich zu machen. Sie pusht uns in Situationen, die unsere Bedürfnisse befriedigen. Angenommen, Sie haben ein starkes Wettbewerbsmotiv. Eine Gelegenheit, in der Sie sich mit anderen messen können, wird Sie stärker anziehen als ein Umfeld, in dem keine Vergleiche stattfinden.

Ein starker Motor liefert einen starken Antrieb, also eine starke Motivation. Ein kleiner Motor steht für geringe Motivation. Sie verspüren keine Motivation? Sie ahnen es, Sie werden sich wenig bewegen. Wenn Sie eine Herausforderung motiviert, werden Sie dafür brennen. Sie fahren einen Ferrari. Kommen Sie in ein Umfeld, das Sie als weniger motivierend empfinden, werden Sie sich etwas gemächlicher in Bewegung setzen, vielleicht in einem Twingo. Hier könnte eine Talfahrt helfen, also extrinsische Motivation.

Extrinsische und intrinsische Motivation spielen beide eine Rolle bei unseren Lebensentscheidungen (Abb. 11). Die eine bietet einen kurzfristigen Anreiz, etwas zu tun. Die andere hat die Absicht dauerhafter Bedürfnisbefriedigung. Wenn Sie diese beiden Begleiter gut kennen und entsprechend einbeziehen, werden Sie auf Ihrem Weg mit ihnen viel Freude haben.

Verhalten entsteht aus Motivation.

Das Ziel von Motivation ist es immer, inneres Wohlgefühl zu erreichen und auszubauen.

Motivation ist Handlungsenergie, die aus einer Kombination von Motivationspotenzial (Motor) und Anreiz (Zündschlüssel) besteht.

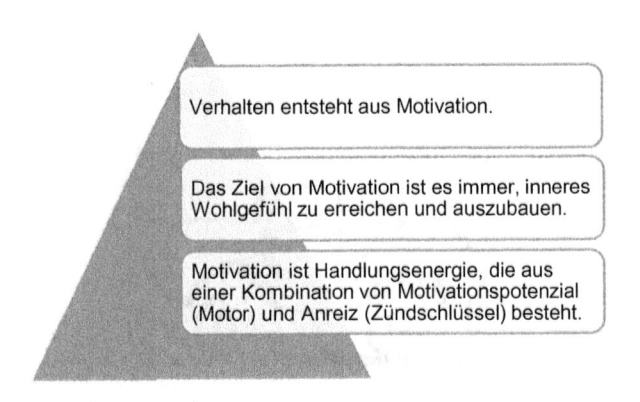

Abb. 11 Was ist Motivation?

Motive – die Quelle unserer Bedürfnisse

Sie stehen am Wendepunkt. Was werden Sie tun? Was ist Ihr Maßstab? Ist es Ihnen wichtig, auf die Meinungen anderer zu hören? Fokussieren Sie auf die Erwartungen der Gesellschaft? Orientieren Sie sich an den Vorstellungen Ihres persönlichen sozialen Umfelds? Wessen Bedürfnisse steuern Ihre Entscheidung?

Wenn Sie bei diesen Fragen ins Grübeln gekommen sind, sollten Sie sich genauer mit sich selbst beschäftigen, bevor Sie eine folgenschwere Entscheidung treffen. Was passiert, wenn Sie sich nach den Erwartungen anderer richten, diese aber im Gegensatz zu Ihren Bedürfnissen stehen? Begeben Sie sich auf die „Dritte Etappe – Selbstbetrachtung". Unsere Bedürfnisse spielen eine wichtige Rolle. Sie zu ignorieren hat Folgen.

Unseren Motiven auf der Spur – Ihr privater Krimi

Wenn Sie gerne Krimis lesen, haben Sie sich schon häufiger mit Motiven beschäftigt. Mit denen des Mörders für seine Tat zum Beispiel. Wenn Sie das Tatmotiv erkannt haben, sind Sie meist auch dem Täter auf der Spur. Sie verstehen, warum er seine Tat begangen hat.

Allgemein gesprochen ist ein Motiv ein Beweggrund für ein Verhalten. Unsere Motive liefern die individuellen Gründe für unsere Motivation. Sie sind quasi die Quelle unserer Bedürfnisse. Wenn Sie gegen Ihre Bedürfnisse entscheiden, entscheiden Sie gegen Ihr natürliches Streben nach Glück. Leider ist das nicht immer vermeidbar. Umso wichtiger ist es allerdings, dass es Ihnen bewusst ist, wenn Sie es tun. Weiteres hierzu finden Sie im Kapitel „Bauchgefühl".

Unsere Motive bestimmen, was wir wollen und was wir brauchen. Bei der Gelegenheit liefern sie uns gleich noch unsere Maßstäbe mit, in Form von Werten. Wenn Sie es besonders mögen, dass die Dinge in geregelten Bahnen immer in der gleichen Weise ablaufen, dann sind Routine und Ordnung möglicherweise Motive von Ihnen. Wahrscheinlich sind Ihnen dann auch Werte wie Kontinuität oder Zuverlässigkeit wichtig. Wenn Sie mit Situationen konfrontiert werden, die Routine und Ordnung verlangen, wird das für Sie angenehm sein. Vermutlich werden Sie sich auch entsprechend dieser Werte verhalten. Sie werden sich, wenn möglich, in einem Umfeld bewegen, das Ihre Werte teilt, weil sich das gut für Sie anfühlt. Dauerhafte Konfrontation mit fremden Werten empfinden wir als störend. Damit wären wir beim Thema Emotionen. Wenn Sie Ihre Motive dauerhaft nicht ausleben können und Ihre Werte nicht geteilt werden, führt das zu Unzufriedenheit. Deswegen ist es gerade am Wendepunkt wichtig, sich Ihre Emotionen und damit verbundene Werte und Motive gut anzuschauen. Emotionen machen Sie immer auf Ihre Bedürfnisse aufmerksam.

Fühlen Sie sich gerade erschlagen von zu vielen Begriffen? Dann meldet sich vielleicht Ihr Ordnungsmotiv, das gerne noch etwas Struktur hätte. Ich fasse zusammen:

- Motive sind generelle Beweggründe.
- Werte sind aus unseren Motiven resultierende Maßstäbe.
- Angeregte Bedürfnisse sind ein aktuelles konkretes Verlangen.

Motive sind neutral, es gibt weder gute noch schlechte. In manchen Situationen sind sie hinderlich, in anderen förderlich. Aufgrund dieser Tatsache lassen wir uns leicht zu Bewertungen hinreißen. In der Buchhaltung ist ein Prinzip- oder Routinemotiv sehr förderlich, bei der Fusion von zwei Unternehmenskulturen möglicherweise nicht. Motive sind wie Puzzleteile, wenn sie passen, bringen sie uns weiter, wenn nicht, nicht. Kein Puzzleteil ist schlechter oder besser als das andere. Motive sagen nichts über Fähigkeiten aus, nur über Lust. Wenn ich ein Dominanzmotiv habe, heißt das nicht, dass ich immer gewinne. Es heißt nur, dass es für mich ein starker Anreiz ist, zu gewinnen. Es macht mir große Freude. Mich reizen Situationen, die mir diese Möglichkeit bieten.

Motive sind voneinander unabhängig. Das bedeutet: Gegensätzliche Motive können parallel existieren. Ich kann sowohl ein Abwechslungs- als auch ein Routinemotiv haben. Gibt es einen Mangel oder Überschuss an Befriedigung, zeigt sich das in Form eines angeregten Bedürfnisses. Sie bemerken ein unangenehmes Gefühl, das Ihnen sagen will „Hey, mir fehlt Routine in meinem Leben", oder „Puh, das ist zu viel Abwechslung, das stresst mich!".

Kennen Sie Ihre Motive?

Ihr persönlicher Motivsteckbrief

Zur Unterstützung bei Ihrer Motivsuche habe ich beispielhaft eine Tabelle zusammengestellt (Tab. 1). Sie finden als Impuls in der ersten Spalte der Tabelle Motive, die das Testverfahren MPA (motivation-anlytics.eu: Die MPA ist ein Messverfahren, das die Intensität einzelner Motivationspotenziale darstellt und diese graphisch zueinander in Relation setzt.) benannt hat und in einem elektronischen Fragebogen erfasst.

Tab. 1 Motivzuordnung

Motiv	Wert	Bedürfnisse
Vorsicht	Sicherheit	Absicherung, Verlässlichkeit, Klarheit
Wagnis	Nervenkitzel	Herausforderung, Unbekanntes, Anspannung
Distanz	Abstand	Einsamkeit, Stille, Unabhängigkeit
Kontakt	Nähe	Gemeinschaft, Interaktion, Kommunikation
Natürlichkeit	Individualität	Akzeptanz, Freiheit, Unabhängigkeit
Status	Abgrenzung	Achtung, Zugehörigkeit, Bestätigung
Mitentscheidung	Konsens	Zustimmung, Rücksprache, Rückhalt
Selbstentscheidung	Freiheit	Verantwortung, Gestaltung, Unabhängigkeit
Auslegung	Unabhängigkeit	Spontaneität, Individualität, Flexibilität
Prinzip	Beständigkeit	Verlässlichkeit, Sicherheit, Folgsamkeit
Erkenntnis	Wissen	Verstehen, Analyse, Lernen
Pragmatik	Handeln	Umsetzung, Entscheidung, Initiative
Aktivität	Aktion	Bewegung, Abwechslung, Entspannung
Ruhe	Bedächtigkeit	Bequemlichkeit, Gemütlichkeit, Entspannung
Abwechslung	Herausforderung	Lernen, Herausforderung, Erfahrung
Routine	Verlässlichkeit	Sicherheit, Vertrautheit, Beständigkeit
Flexibilität	Spontaneität	Abwechslung, Freiheit, Beweglichkeit
Ordnung	Überschaubarkeit	Vorhersehbarkeit, Sicherheit, Struktur
Selbstlosigkeit	Hilfsbereitschaft	Unterstützung, Anerkennung, Nähe
Selbstorientierung	Unabhängigkeit	Selbstverwirklichung, Unabhängigkeit, Freiheit
Durchführung	Gehorsamkeit	Anleitung, Umsetzung, Abarbeitung
Einfluss	Verantwortung	Gestaltung, Entscheidung, Einfluss
Fremdanerkennung	Bestätigung	Achtung, Ansprache, Selbstbestätigung
Selbstanerkennung	Freiheit	Unabhängigkeit, Selbstgenügsamkeit, Selbstverantwortung
Balance	Harmonie	Ausgleich, Gerechtigkeit, Zusammenhalt
Dominanz	Wettbewerb	Gewinnen, Überzeugen, Anerkennung

Jedes Motiv hat ihm verwandte Werte, das heißt, Werte, die häufig in Zusammenhang mit diesem Motiv auftreten. In die zweite Spalte habe ich als Beispiel einen dem Motiv verwandten Wert eingetragen. In der dritten Spalte finden Sie typische Bedürfnisse, die aus diesem Wert bzw. Motiv resultieren können. Aber Vorsicht! Oft können Werte und Bedürfnisse unterschiedlichen Motiven zugeordnet werden. Wenn Sie Hunger auf Süßes haben, bedeutet das nicht zwingend einen Mangel an Nahrung. Es könnte auch ein Mangel an Zuwendung oder schlicht Langeweile dieses Bedürfnis auslösen – emotionale Nahrung sozusagen. Zwischen einigen Motiven bestehen häufig Korrelationen. In der Tabelle ist das bereits berücksichtigt. Einige Begriffe sind doppelt verwendet, um Sie darauf aufmerksam zu machen. Lassen Sie sich nicht auf eine falsche Fährte locken, seien Sie achtsam bei voreiligen Schlussfolgerungen von Kausalzusammenhängen.

Wundern Sie sich nicht, wenn Sie einen Begriff sowohl als Motiv, Wert oder Bedürfnis finden. Das weist lediglich auf unterschiedliche Funktionen hin. Beispiel:

Wenn ich *Anerkennung als Motiv* habe, ist Anerkennung grundsätzlich wichtig für mein Wohlbefinden, ich strebe danach, weil es mir guttut.

Der *Wert Anerkennung* besagt, dass ich Menschen oder Situationen unter anderem danach beurteile, wie viel Anerkennung sie mir bieten, bzw. ich bewerte mein eigenes Verhalten ebenfalls danach.

Habe ich ein konkret angeregtes *Bedürfnis nach Anerkennung* bedeutet es, dass ich in diesem Moment zu wenig davon habe.

Andrea bearbeitet als Sachbearbeiterin Kundenanfragen in einer Behörde. Sie hat ein Angebot für einen interessanten Job von einem kleinen Start-up. Dieser Job würde neue Herausforderungen für sie bieten: eigenverantwortlicher Bereich, Führung von fünf Mitarbeitern, Neuaufbau einer Abteilung, Erfolgsbeteiligung. An dieser Stelle ergibt es Sinn, die Unterschiede des aktuellen und des angebotenen Weges gegenüberzustellen und deren Attraktivität für Andrea zu bewerten. Was steht für Mitarbeiterführung: Verantwortung, Entscheidung, Kontakt, Einfluss, Durchsetzung... Wie fühlt sich das an? Was steht für die alte Stelle? Was würde Andrea zunächst verlieren, wenn sie ginge? Sicherheit, Routine, Verlässlichkeit... Welche Argumente wiegen schwerer?

Eine Anleitung zur systematischen Gegenüberstellung verschiedener Argumente finden Sie im Trainingscamp unter „Motivcheck – was ich will und brauche".

Die Motivsuche ist manchmal Detektivarbeit – nicht nur im Krimi. Das gilt auch für unsere eigenen Motive. Solange wir zufrieden sind und keine Änderung bevorsteht, machen wir uns in der Regel keine Gedanken über die Gründe unserer Zufriedenheit. Unsere Motive chillen quasi undercover. Wenn Sie an eine Abzweigung kommen, ist es allerdings wichtig, mit Ihren Motiven Rücksprache zu halten. Wie entdecken Sie Ihre Motive, wenn die sich nicht gerade melden, um sich zu beschweren? Sie können hier zwei (Gedanken-)Wege gehen: den angenehmen oder den unangenehmen:

1. Fragen Sie sich, vor welchem Verlust Sie am meisten Angst haben und verfolgen Sie die dahinter liegenden Motive und Gefühle zurück. Nehmen wir das Thema private Trennung. Was könnten Sie verlieren? Sicherheit, Fürsorge, Nähe, Gemeinsamkeit, Geborgenheit, Zugehörigkeit ...
2. Umgekehrt könnten Sie sich fragen, was Ihnen an Ihrer Beziehung am wichtigsten ist. Vermutlich wäre die Antwort ähnlich. Die Frage nach der Wichtigkeit fühlt sich allerdings besser an als die nach Verlust.

Viele Wege führen nach Rom. Menschen haben allerdings unterschiedlichen Zugriff auf ihr Bewusstsein, je nachdem für welche Fragen sie empfänglicher sind. Entscheiden Sie sich für die erfolgversprechendere Recherche, nicht für die Vergnüglichere.

Bestandsaufnahme – leere, volle und überlaufende Gläser

Sie haben herausgefunden, welche Motive Ihnen wichtig sind. Jetzt vergleichen Sie diese. Sie benötigen eine anschauliche Bestandsanalyse. Ich verwende hierfür eine Methode, die ich die Wasserglas-Methode nenne. Große Gläser stehen für starke Motive, kleine für schwache. Je voller das Glas ist, desto befriedigter ist Ihr Motiv. Sie merken schon, große Gläser vertragen mehr Inhalt, kleine laufen schneller über. Angenommen Sie haben ein starkes Kontaktmotiv, das sich zum Beispiel an einem großen Bedürfnis nach sozialer Interaktion zeigen kann. Einen Tag allein zu verbringen empfinden Sie vielleicht schon als unangenehm. Ihnen fehlt eine Menge. Wenn Ihr Kontaktmotiv eher durchschnittlich ist, sind zwei Tage ohne soziale Kontakte möglicherweise ok. Passt Ihr Kontaktmotiv in ein Schnapsglas, fällt es Ihnen vielleicht noch nicht einmal auf, wenn Sie eine Woche niemanden sehen.

Denken Sie daran, dass Sie Ihre Motive nicht allein in einem Kontext befriedigen müssen. Es kann sein, dass Sie ein starkes Kontaktmotiv haben und dennoch glücklich im Einzelbüro als Programmierer arbeiten. Zu Hause haben Sie vielleicht fünf Kinder, einen Hund und diverse Freunde und Vereinsmitgliedschaften. Dort wird Ihr Kontaktglas dann gefüllt.

Je weniger Ihre Motivgläser gefüllt sind, desto größer ist das empfundene Defizit. Bei großen Gläsern ist das Gefühl intensiver als bei kleinen. Läuft ein Glas über, tut Ihnen das nicht gut. Je mehr überläuft, desto stärker ist möglicherweise die Empfindung, dass Ihnen etwas zu viel wird.

Sowohl zu leere als auch zu volle Gläser beeinträchtigen Ihre Zufriedenheit. Sind alle Gläser optimal gefüllt, geht es Ihnen gut. Die Motive schweigen zufrieden.

Am Wendepunkt ist eine Bestandsaufnahme Ihrer „Gläser" unerlässlich. Diese zeigt Ihnen, was Sie brauchen, was sie nicht brauchen und wovon Sie aktuell möglicherweise zu viel haben.

Stellen Sie die für Ihre Zufriedenheit wichtigen Gläser gedanklich auf den Tisch. Wählen Sie die Größe und den aktuellen Füllgrad. Wählen Sie die Gläser mit Bedacht. Die großen Gläser haben mehr Einfluss. Ein halb gefülltes großes Glas werden Sie deutlicher als Mangel empfinden als ein halbgefülltes kleines Glas. Anders formuliert, wenn Sie schwache Motive nicht befriedigen, hat das weniger emotionale Konsequenzen für Sie als bei starken Motiven. Die Wasserglasmethode zur Bestandsaufnahme finden Sie im Trainingscamp. Übrigens, wenn Sie zu den Menschen gehören, deren Gläser nie halbvoll sind, sondern höchsten halbleer, dann schauen Sie doch bitte in das Kapitel „Das Leben ist schön". Der Füllgrad halbvoller und halbleerer Gläser ist identisch, die Auswirkung auf Ihr Denken und Handeln ist es nicht!

Unsere Motivstruktur – ein Partner fürs Leben

Aktuell ist kein Wendepunkt in Sicht? Sie könnten jetzt vorsorglich eine Liste Ihrer wichtigen Motive erstellen. Das geht unabhängig von Ihrer Situation. Ihre Motivstruktur ändert sich nicht, nur der Grad der Befriedigung. Was Sie als Bedürfnis empfinden ist keineswegs das plötzliche Auftauchen eines neuen Motivs, sondern nichts weiter als ein Mangel oder Überschuss an Flüssigkeit in den bereits vorhandenen Gläsern.

Das glauben Sie nicht? Ich habe häufig Klienten, die mir von Motiven erzählen, die sie früher gehabt hätten, und die heute verschwunden seien oder umgekehrt. Im Gespräch zeigt sich in der Regel, dass es um veränderte Glasinhalte geht, nicht jedoch um die Gläser selbst.

Mareike erzählt, sie sei als Kind immer sehr bestimmend gewesen und habe die anderen herumkommandiert. Dieses Motiv hätte sie heute nicht mehr. Mareike leitet heute eine kleine Firma. Privat ist sie im Vereinsvorstand und Mannschaftskapitän ihres Hockeyteams. Mit anderen Worten: Mareikes Bedürfnisse nach Verantwortung und Entscheidung kommen sowohl privat als auch beruflich voll auf ihre Kosten. Warum sollte sich ein dahinterstehendes Motiv bemerkbar machen?

Jens erzählt, er hätte früher kein Ruhemotiv gehabt, aber heute. Das müsse wohl am Alter liegen. Jens ist beruflich ständig auf den Beinen und kompensiert den empfundenen Stress mit Joggen, langen Radtouren und Triathlon. Sicherlich spielt das Alter eine Rolle, was die körperliche Belastbarkeit betrifft. Als ich Jens gefragt habe, wie sein Alltag früher aussah, wurde allerdings schnell klar, dass er damals wesentlich weniger Bewegung hatte.

Das Überlaufen eines Motivglases bewirkt im Allgemeinen das Bedürfnis nach dem gegenteiligen Motiv. Wenn Sie plötzlich ein Motiv spüren, das Sie vorher nicht bemerkt haben, liegt es nicht daran, dass es vorher nicht existiert hat, sondern daran, dass es damals optimal erfüllt wurde und jetzt offenbar nicht mehr.

Wenn Sie Kälte lieben und Wärme hassen, wird ein Workshop „Wärme lieben" das nicht ändern. Wenn Sie Ihre Steuererklärung langweilt wird die Aufforderung: „Finde das jetzt spannend!" wirkungslos bleiben. So absurd diese Beispiele klingen, so absurd ist es zu glauben, dass unsere innerste Motivstruktur sich ändert. Was sich permanent ändert, ist unser Leben und die Reaktion unserer Motive darauf.

Motive wirken überall

Ihr Leben findet in verschiedenen Bereichen statt. Ihre Motive sind dabei ortsunabhängig, Sie können diese überall befriedigen. Mit anderen Worten, wo Sie Ihr Glas füllen ist Ihnen überlassen. Das bedeutet allerdings auch, dass sich die Auswirkungen in unterschiedlichen Kontexten zeigen können. Hier ist wieder Ihr Spürsinn gefragt (Abb. 12).

Alex hat ein starkes Beziehungsmotiv in beide Richtungen. Ihm sind Distanz und das Alleinsein ebenso wichtig, wie der Kontakt zu anderen. Sein Leben sieht so aus, dass er alle Bedürfnisse optimal befriedigt. Beruflich entwickelt er in einem Software-Unternehmen Programme. Er hat sein eigenes Büro und verbringt dort die meiste Zeit allein mit programmieren. Privat ist er verheiratet und hat vier Kinder, spielt aktiv in der Fußballmannschaft in seinem Heimatdorf und engagiert sich im Schulvorstand. Sein Kontakt- und Distanzbedürfnis lebt er folglich getrennt in den beiden Bereichen Beruf und Privat. Vor zwei Monaten hat sich allerdings fusionsbedingt sein Arbeitsplatz geändert. Zu fünfzig Prozent macht er noch seinen alten Programmierjob. Die restliche Zeit ist er für den aktiven Vertrieb der von ihm entwickelten Software zuständig.

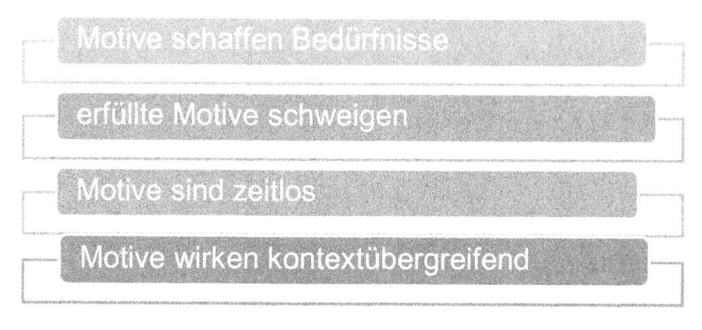

- Motive schaffen Bedürfnisse
- erfüllte Motive schweigen
- Motive sind zeitlos
- Motive wirken kontextübergreifend

Abb. 12 Motiveigenschaften

Sie ahnen die Auswirkung? Nehmen Sie das gut gefüllte Distanzglas und kippen Sie die Hälfte des Inhalts in das gut gefüllte Kontaktglas. Sie erhalten einen nassen Tisch. Ärgerlich! Im übertragenen Sinne heißt das: Aus zwei perfekt befriedigten Motiven wird einerseits Mangel, und andererseits Überfluss.

Wie wirkt sich das aus? Im Idealfall kennt Alex seine Motive und merkt sofort, was passiert ist. Er wird es seiner Familie erklären und seine Freizeitaktivitäten verändern oder sich auf die Suche nach einem neuen Job machen. In diesem Fall ist es allerdings anders.

Alex erzählt von Eheproblemen. Im Job sei alles ok. Was ist passiert? Das Defizit an Distanz hat sich nicht im beruflichen Kontext bemerkbar gemacht. Hier geht Alex weiterhin zufrieden seiner Arbeit nach, die jetzt zur Hälfte aus Kundenkontakt besteht. Was ihn dann zu Hause noch an Interaktion erwartet, ist allerdings zu viel. Sein Kontaktmotiv befriedigt er jetzt bereits zum Teil beruflich. Die emotionalen Folgen der beruflichen Veränderung zeigen sich allerdings in diesem Fall erst nach Feierabend. Seine Kinder gehen ihm zunehmend auf die Nerven. Auch die Aktivitäten im Schulvorstand empfindet Alex neuerdings als anstrengend und belastend. Statt des gewohnten Austauschs mit seiner Frau nach der Arbeit will er lieber in Ruhe gelassen werden. Nach einigen Wochen fragt ihn seine Frau, weshalb er plötzlich so genervt von ihnen sei. Alex weiß es nicht.

Manchmal bekommen wir die Auswirkungen von Veränderung nicht in dem Kontext zu spüren, in dem die Veränderung stattgefunden hat. Dann besteht die Gefahr, dass wir unseren Emotionen falsche Ursachen zuordnen. Wenn Sie am Wendepunkt stehen, suchen Sie bitte immer in allen Bereichen Ihres Lebens nach möglichen Auswirkungen. Ihre Motive kennen keine Work-Life-Trennung.

> **Reisenotiz Motivation**
> Ich finde heraus, welche Motive für meinen Weg bedeutend sind. Wie werden diese mich auf dem neuen Weg beeinflussen?

Dritte Etappe – Selbstbetrachtung

In diesem Kapitel geht es um Ihre Psyche. Wie entstehen Ängste und was bewirken sie? Welche Rolle spielt Ihr Bauchgefühl und wie steuern Sie die Konflikte Ihres inneren Teams? Sie schauen aus einer ungewöhnlichen Perspektive auf das Thema Schuld und erfahren Interessantes über Sätze, die mit „hätte" oder „wäre" beginnen. Sie werden sich klar über die Rolle sozialer Normen und Werte und verstehen den Einfluss Ihrer Kindheitserfahrungen auf Ihr heutiges Verhalten.

Stimme
… Auf Deinen Wegen durch das Leben da kommen Kreuzungen und Du stehst. Du musst abwägen und überlegen, was Du wählst und wofür Du gehst…
(Song von EFF)

Selbstreflexion – me, myself and I

Der Ratschlag von EFF ist wichtig. Denn allzu oft hören wir auf andere. Schön, dass Sie sich für dieses Kapitel interessieren. Im Grunde ist es das Herzstück dieses Buchs. Wer bringt Sie am Wendepunkt auf den neuen Weg? Richtig, das sind Sie selbst. Es sind nicht die externen Faktoren, auch wenn diese ebenfalls eine tragende Rolle spielen. Die Hauptrolle in Ihrem Leben spielen Sie. Sollte das aktuell nicht so sein, empfehle ich Ihnen dringend, das zu ändern.

Unsere Flussmetapher aufgreifend, analysieren wir in diesem Kapitel Ihr Schwimmverhalten. Wie ticken Sie? Was bringt Sie auf Ihren neuen Weg oder auch nicht? Wie in der äußeren Welt gibt es auch in unserer inneren Welt verschiedene Parteien, die uns von unterschiedlichen Richtungen überzeugen möchten.

Innere Stimmen

Manchmal sind unsere inneren Stimmen zunächst leise. Aber es gibt unterschiedliche Signale, die uns zeigen wollen, dass ein Wendepunkt naht. Fühlen Sie sich unwohl und wissen Sie nicht warum? Haben Sie das Gefühl, Ihre innere Mitte verloren zu haben? Vielleicht fällt es Ihnen auch schwerer, mit bestimmten Situationen umzugehen oder Sie sind emotional dünnhäutiger geworden. All das können Hinweise auf einen Wendepunkt sein. Oft sind es auch wiederkehrende Krankheitssymptome, die eine innere Disbalance nach außen tragen. Mehr hierzu finden Sie im Kapitel „Körper und Seele".

Oft schrecken wir davor zurück, Haken in unsere glatten Lebensläufe zu schlagen, auch wenn unsere innere Stimme deutlich sagt: „Hey, das ist nicht mehr Dein Weg." Wir antworten dann häufig: „Das kann ich nicht machen. Was da alles passieren kann. Was sagen die anderen? Das wäre ja verrückt. Wenn es nicht funktioniert, wie stehe ich dann da? Wenn es ein Fehler wäre…und ich wäre schuld. Was hätte ich alles aufgegeben?"

Unsere inneren Saboteure haben ein berechtigtes Interesse zu sagen: „Nö, Du schwimmst bitte genauso weiter wie bisher. Du steigst auch nicht aus dem Fluss. Egal, was dann als nächstes passiert."

So schizophren das klingen mag, viele machen das tatsächlich mit und landen dann unten im Wasserfall. Die Frage ist: Was können Sie tun, um es zu vermeiden? Oft sind Wendepunkte Points of no return. Sie können nicht einfach sagen: „Ich dreh um und mache weiter wie die letzten zehn Tage oder Monate oder Jahre." Der Strom fließt nur in eine Richtung. Es gibt keine Reverse-Taste. Entscheiden Sie sich jetzt. Treiben Sie so weiter, mit dem was anders wird und kommt, oder greifen Sie aktiv in das Geschehen ein? Wer blockiert eine mögliche Wende?

Für die Antwort werfen wir jetzt einen Blick in Ihren Kopf.

Ich strapaziere mein Gehirn nicht mit Dingen, die überhaupt keine Bedeutung haben.
Prof. Dr. Dr. Majid Samii, Neurochirurg

Womit beschäftigt sich Ihr Gehirn bevorzugt? Klären wir, wem Sie eine Bedeutung in Ihrem Leben geben, ohne dass er/sie/es das verdient hat.

Schauen Sie sich Ihre Ängste an, Ihre Fehler (passend: Abschn. „Fehlentscheidungen") oder Ihre Schuld. Diese trüben gerne mal die Aufbruchsstimmung ein. Lernen Sie, erfolgreich mit Ihrem inneren Team zu verhandeln und stellen Sie sich Ihren Glaubenssätzen. Danach ist der Weg frei. Sie können mit gutem Bauchgefühl und der richtigen Einstellung Ihre Zukunft in die Hand nehmen.

Express Yourself
…All You got to do now: Express Yourself …Some people have everything, and other people don't.
But everything don't mean a thing, if it ain't the thing You want
(Song von Charles Wright)

Angst

Oft hindern Ängste uns daran, uns selbst auszudrücken und dafür zu stehen was wir wollen und brauchen.

Ich stand vor einiger Zeit vor einer wichtigen Entscheidung. Eigentlich hatte ich schon einen Weg gewählt. Ich hatte aber Angst vor der möglichen Reaktion und zögerte das Ganze immer weiter hinaus. Dann stellte mir ein Freund die entscheidende Frage: „Welche Reaktion hättest Du gerne? Dann stell Dir vor, dass genau diese eintritt." Ich befolgte den Rat. Meine Angst überließ langsam einer vorsichtigen Vorfreude das Feld und ich ergriff die Initiative.

Einige von Ihnen werden jetzt sagen: „Schön und gut, aber wenn die gewünschte Reaktion nicht eintritt, werde ich doppelt enttäuscht sein." Ich hätte drei Argumente, die dagegensprechen:

1. Wenn Sie sich von Ihrer Angst lähmen lassen und lieber abwarten, überlassen Sie dem Schicksal den Einfluss auf Ihr Leben. Sie gestalten es nicht mehr selbst.
2. Sie gewinnen Zeit, indem Sie die Zeit der Lähmung durch Ängste gegen nutzbare Zeit tauschen. Die können Sie zum Beispiel in die aktive Planung Ihres neuen Weges investieren.
3. Setzen Sie die sichere Zeit der Vorfreude auf eine positive Reaktion mal ins Verhältnis zu dem möglicherweise eintretenden Augenblick der Enttäuschung…

Rein rational betrachtet sind Ängste häufig unnötig. Da es sich hier allerdings um Exemplare aus der Gattung Emotionen handelt, sind diese meist gegen sachliche Argumente immun. Besuchen Sie doch mal Ihre Ängste und schauen Sie, wo diese herkommen. Es gibt da ganz unterschiedliche Typen.

Angst aus der Vergangenheit

Kein System kann unabhängig von seiner Historie betrachtet werden. Unsere Vergangenheit beeinflusst unsere Zukunft. Was die naturwissenschaftliche Theorie komplexer Systeme besagt, trifft auch auf soziale Systeme wie die Gesellschaft und uns Menschen zu. Unsere Biografie spielt immer eine Rolle. Vielleicht haben Sie bereits schlechte Erfahrungen auf einem ähnlichen Weg gemacht. Sie kennen die Redewendung: Gebranntes Kind scheut das Feuer. In diesem Fall lohnt es sich, beide Situationen ganz sachlich zu vergleichen, bevor Sie sich Ihren Befürchtungen hingeben.

Sabine will mit Jan zusammenziehen. Jan hat vor diesem Schritt große Angst, für Sabine ohne ersichtlichen Grund. Er war vor vielen Jahren nach einer fünfjährigen glücklichen Beziehung mit seiner damaligen Partnerin zusammengezogen. Das Leben in der gemeinsamen Wohnung wurde schnell für beide unerträglich. Nach drei Monaten trennten sie sich.

Manchmal ist eine schlechte Erfahrung emotional so präsent, dass wir übersehen, wie unwahrscheinlich es ist, dass diese sich wiederholt. *Als Jan sich erneut mit dem damaligen Wendepunkt beschäftigt, hat er plötzlich klar vor Augen, was damals zum Scheitern seiner Beziehung geführt hat. Sein diffuses Angstgefühl weicht einer konkreten Vorstellung, was er mit Sabine anders machen möchte.*

> „Den Schreck dieses Augenblicks werde ich nie vergessen", fuhr der König fort. „Du wirst ihn vergessen", sagte die Königin, „es sei denn, du errichtest ihm ein Denkmal."
>
> Lewis Caroll, aus Alice im Wunderland

Geht es Ihnen ähnlich wie Jan und dem König? Belastet Sie eine konkrete Situation aus der Vergangenheit? Dann gehen Sie einfach gedanklich zurück an diesen Punkt. Verwenden Sie zur Unterstützung gerne die Methoden aus dem Trainingscamp, zum Beispiel den: Motivcheck – was ich will und brauche oder die Übung: Personal-SWOT – mein Wendepunkt ökonomisch betrachtet

Sie haben keine Ahnung, wie Ihre Reaktion entstanden ist? Was assoziieren Sie spontan mit Ihrer Reaktion? Was wiederrum löst dieses Bild in Ihnen aus? Bilden Sie eine Assoziationskette. Vielleicht führt Sie die zu vergangen Ereignissen, die heute noch wirken. Achten Sie auch auf Handlungsmuster, in die Sie immer wieder verfallen. Wenn Sie Schwierigkeiten haben, Ihre eigenen Ängste zu verstehen, ist Biografiearbeit eine gute Methode, den Ursachen auf die Spur zu kommen. Sie beschäftigen sich mit den wichtigen Ereignissen und Wegbegleitern Ihrer Vergangenheit und erkennen so deren konkreten Einfluss auf die Gegenwart.

Gehen Sie im Trainingscamp in den Kurs „Zeitreise – auf den Spuren meiner Vergangenheit". Vorsicht, die Methode geht tief. Wenn Sie glauben, dass Sie noch größere Baustellen in Ihrer Vergangenheit haben, erreichen Sie vermutlich mehr mit Unterstützung eines Profis, der Sie durch die Fragestellungen begleitet.

Als ich die Biografiearbeit lernte, sollten wir mit einem Mitschüler eine kurze dreißigminütige Übung machen, indem wir uns gegenseitig Fragen zu unseren Lebensläufen stellten. Nach fünfzehn Minuten stand mein Mitschüler völlig verunsichert auf, verschwand für einige Zeit und kehrte dann mit der plötzlichen Überzeugung, er habe seit über zehn Jahren den falschen Job, zurück in den Unterricht. Am Ende der Ausbildung kündigte er.

Auf unserem Zeitstrahl treffen wir auch auf Personen und Ereignisse, die uns verletzt oder verunsichert haben und unter deren Einfluss wir heute immer noch handeln. Unser Gehirn sorgt dafür, dass wir diese Bilder nicht ständig im Kopf haben und daran denken. Wenn Sie sich tief in Ihre Vergangenheit begeben und konkret danach suchen, graben Sie derartige tiefsitzende Verletzungen wahrscheinlich aus. So etwas kann erschüttern. Sie können das mit einer alten Kriegsbombe, die Sie ausbuddeln, vergleichen. Die sollte auch vorsichtig von Experten entschärft werden, damit sie Ihnen nicht um die Ohren fliegt. Haben Sie das erfolgreich erledigt, können Sie das Terrain entspannt begehen.

Möglicherweise beruht Ihre Angst auch auf einem Glaubenssatz. Glaubenssätze sind unbewusste Überzeugungen, negativ wie positiv. Sie steuern unser Denken und unsere Gefühle, ohne dass wir es merken. Wie Sie Glaubenssätze finden und bei Bedarf loswerden zeigt das Kapitel „Glaubenssätze – Unsere Kindheit begleitet uns".

Angst aus Prinzip

Es gibt Ängste, die haben wir aus Prinzip. Wir denken prinzipiell in eine Richtung oder betrachten Dinge prinzipiell aus einer Perspektive, die uns Angst macht. In diesem Fall sind nicht der Wendepunkt oder der neue Weg an sich beängstigend. Angsteinflößend ist das Bild, das wir uns davon machen. Was passiert in Ihrem Kopf, wenn eine Veränderung ansteht? Wägen Sie sachlich alle Seiten ab? Haben Sie die rosarote Brille auf und malen Sie sich euphorisch alles in den schillerndsten Farben aus? Richtet sich Ihr erster Fokus prinzipiell auf Risiken, auf Schwierigkeiten oder Konflikte? Dann kann es gut sein, dass Sie den neuen Weg meiden werden. Wird eh alles scheitern. Das haben Sie sich gerade schwarz auf weiß in Ihrem Kopf ausgemalt.

Wir unterschätzen oft gewaltig den Einfluss unserer Sichtweise auf den Lauf der Dinge. Das verdeutlicht die berühmte Geschichte mit dem Hammer des Philosophen und Psychologen Paul Watzlawik.

Ein Mann möchte ein Bild aufhängen. Er hat aber keinen Hammer und überlegt, sich einen von seinem Nachbarn zu leihen. Noch bevor er an dessen Tür klingelt, ergreifen die Gedanken in seinem Kopf die Initiative: „Vielleicht will der Nachbar mir seinen Hammer nicht verleihen. Vielleicht hat er mich neulich nur flüchtig gegrüßt, weil er etwas gegen mich hat. Jetzt bildet er sich ein, ich sei auf ihn angewiesen, nur weil er einen Hammer hat." Der Mann stürmt aus seiner Wohnung, klingelt beim Nachbarn und brüllt den ahnungslosen freundlich grüßenden Mann an, dass er seinen Hammer behalten könne.

Prüfen Sie gerne Ihre eigenen Denkprinzipien in der Übung: Schwarz-Weiß-Grau – mein persönlicher Fokus-Check im Trainingscamp.

Wenn wir mit einer Situation konfrontiert sind, haben wir die Auswirkungen auf uns maßgeblich selbst in der Hand. Was Sie als real wahrnehmen, ist immer das gefilterte Ergebnis Ihrer eigenen Wahrnehmung. Diese läuft in Bruchteilen von Sekunden ab und entscheidet nicht nur über Ihr Verhalten, sondern auch über Ihr Empfinden (Abb. 1). Das Spannende daran ist, Sie können das Ergebnis dennoch aktiv beeinflussen.

Der Schuljahrgang meiner Tochter sollte von fünf- auf vierzügig reduziert werden. Es stand zu Beginn nicht fest, ob ihre Klasse davon betroffen sein würde.

1. **Wahrnehmung** – Ich sehe, fühle, höre, rieche und schmecke
2. **Interpretation** – Daraus schließe ich, …Das bedeutet, …
3. **Bewertung** – Das finde ich gut. Das finde ich schlecht.
4. **Innere Reaktion** – Gedanken und Gefühle
5. **Äußere Reaktion** – Verhalten, Handeln, verbal, nonverbal
6. **Ergebnis** – Die neue Situation

Abb. 1 Der Wahrnehmungsprozess

An einem schönen Mittag im Sommer kam sie in einer aufgelösten Stimmung nach Hause. Alle fünf Klassen sollten geviertelt und in vier neuen Klassen zusammengesetzt werden. Krasser Wendepunkt für meine Tochter. Ihr tägliches Arbeitsumfeld wurde zerhäckselt und wahllos auf der Wiese verteilt. „Was findest du daran so furchtbar?":

1. *„Unsere gute Klassengemeinschaft wird auseinandergerissen." (Wahrnehmung)*
2. *„Ich verliere viele Freunde und muss mit Leuten, die ich kaum kenne zusammenarbeiten." (Interpretation)*
3. *„Das finde ich mega sch...." (Bewertung)*
4. *„Wut, Trauer." (innere Reaktion)*
5. *„Ich schreibe eine Mail an die Schulleitung, dass ich total sauer bin." (äußere Reaktion)*
6. *Folge? Über das mögliche Ergebnis und den Einfluss ihres Verhaltens hatte sie sich in ihrem Ärger noch keine Gedanken gemacht.*

Der Ausgang hängt nicht allein von Ihnen ab. Allerdings haben die ersten drei Phasen des Wahrnehmungsprozesses maßgeblichen Einfluss auf Ihre Stimmung und Ihr Verhalten.

Im Fall meiner Tochter machten wir vor Umsetzung von Stufe fünf einen Deeskalationsspaziergang in der Natur. Wir fütterten Kühe und meine Tochter experimentierte dabei mit alternativen Wahrnehmungsmöglichkeiten:

1. *„Ich komme mit meinen besten Freunden in eine neue Klasse. (Wahrnehmung)*
2. *„Das ist 'ne gute Chance, neue Freundschaften zu schließen, ohne auf die alten verzichten zu müssen." (Interpretation)*
3. *„Das finde ich spannend und gut." (Bewertung)*
4. *„Vorfreude, Neugierde." (innere Reaktion),*
5. *„Ich bedanke mich per Mail bei der Koordinatorin, die ein Zusammenbleiben mit den besten Freunden ermöglicht hat." (äußere Reaktion),*
6. *Ergebnis? Die Aufteilung blieb dieselbe und meine Tochter ging erwartungsfroh und gutgelaunt zur Schule. Positiver Nebeneffekt: Die Schulleitung hat sich neben den Beschwerden und Änderungswünschen über eine positive Rückmeldung gefreut.*

Im Prinzip können Sie jede Situation, in der Sie Angst empfinden oder irgendein anderes unerwünschtes Gefühl, einer persönlichen Wahrnehmungsprüfung unterziehen. In einigen Fällen wird Sie die schnelle positive Wirkung auf Ihre

Stimmung überraschen. Die Anleitung finden Sie im Trainingscamp unter „Achtsame Wahrnehmung - vom Ereignis zu meiner Reaktion."

Angst aus emotionaler Abhängigkeit

Je geringer unser Selbstbewusstsein ist, desto größer ist die Gefahr, dass wir die Verantwortung für unser Wohlbefinden unbewusst in die Hände anderer geben. Wenn wir unsicher sind und nicht darüber im Klaren, welchen Wert wir für unseren Partner haben, wird die Angst, verlassen zu werden, größer. Wenn Sie nicht viel von sich selbst halten, werden Sie gegenüber anderen eher mit Angst vor Ablehnung reagieren. Wenn Sie selbst an Ihrem Wert als Mitarbeiter zweifeln, werden Sie diese Zweifel auch schnell in die Reaktionen Ihres Gegenübers interpretieren. Je stärker Ihre innere Stabilität ist, desto stärker ist auch Ihre Unabhängigkeit.

Ich war elf und auf dem Kindergeburtstag meiner besten Freundin eingeladen. Sie war sehr beliebt bei den Jungs. Ständig bekam sie Zettel, auf die irgendein Junge geschrieben hatte: „Willst du mit gehen?" Die unangenehme Aufgabe, das Ganze zu beenden, delegierte sie an mich. Ich bekam immer den Part, mit einem Typen Schluss zu machen, wenn sie ein interessanteres neues Angebot erhalten hatte. Sie können sich vorstellen, dass diese Hiob-Rolle für mein Selbstbewusstsein nicht gerade förderlich war.

Meine Freundin feierte Geburtstag. Wir hatten viel Spaß und irgendwann sagte einer der Jungen: „Hey ich feiere in drei Wochen und freu mich schon auf Euch." Ich erwiderte: „Klasse, ich auch." Der Junge guckte mich daraufhin entgeistert an und sagte: „Wie kommst du darauf, dass ich DICH einlade?" Ich hatte diesen Satz über viele Jahre vergessen, habe ihn aber in Form einer subtilen Angst vor Ablehnung lange Zeit mit mir herumgeschleppt.

Wenn Sie eine erfüllte, respektvolle Beziehung zu sich selbst haben, sind Sie von persönlicher Kritik Ihres Umfelds relativ unabhängig. Je weniger Sie von sich selbst halten, desto größer wird das Bedürfnis, sich äußeren Erwartungen anzupassen.

Angst vor dem Ungewissen

Wenn Ihre Motive *Risiko*, *Abwechslung* und *Flexibilität* schwach ausgeprägt sind, werden Sie diesen Typ Angst vermutlich gut kennen. Er mag keine Unsicherheit. Drei Maßnahmen, wie Sie die Sicherheit erhöhen können, finden Sie im Kapitel: Sicherheit – Umgang mit drei Unbekannten.

Nichtsdestotrotz gibt es Wendepunkte, deren Unsicherheit bleibt und die uns Angst machen. Eine ernsthafte gesundheitliche Diagnose zum Beispiel.

Ich war achtundzwanzig, als mir eine solche Diagnose verkündet wurde. Nachdem ich mich über das Krankheitsbild informiert hatte, wurde mir klar: Es war ungewiss, ob ich mein gewohntes Leben in Zukunft weiterführen könnte. Es war ungewiss, ob ich irgendetwas von dem, was ich in meinem Leben noch vorhatte, würde umsetzen können. Ich bekam Angst. Was konnte ich tun? Ich legte meine Recherche nach Krankheitsverläufen beiseite und blätterte stattdessen in einem Buch über Taoismus, das ich auf einem Schnäppchentisch gefunden hatte. Was machte ich hier gerade? Ich hatte eine Verdachtsdiagnose. Ich hatte akut Symptome, die mir auf die Nerven gingen. Statt mich umgehend dem Verschwinden oder zumindest der Akzeptanz dieser Symptome zu widmen, steigerte ich mich in Horrorszenarien, von denen ich noch nicht mal wusste, ob diese jemals eintreffen würden. Ich las den folgenden Satz:

> *Auch eine Reise von tausend Meilen beginnt mit einem Schritt.*
> *Laotse (chinesischer Philosoph, 600Jh. v. Chr.)*

Mir war gerade eine Reiseroute eröffnet worden, die mir nicht gefiel.

Statt mir panisch Schritt 34.745 auszumalen, wäre es nicht weitaus sinnvoller, mich auf Schritt eins zu konzentrieren? Das war die Gegenwart, die einzige Zeitform, in der ich Einfluss auf mein Leben nehmen konnte. Möglicherweise warteten weitaus erfreulichere Abzweigungen an der nächsten Kreuzung auf mich.

Wenn Sie Gewohntes verlassen, ist das immer unsicher. Egal, ob Sie das freiwillig tun, oder gezwungenermaßen. Schauen Sie zurück und fragen Sie sich, welche Ihrer Ängste vor dem Ungewissen rückwirkend berechtigt waren? Vermutlich ist es die Minderheit. Besuchen Sie zu diesem Thema auch gerne die Übung „Jetzt und später – Entscheidungskonsequenzen" im Trainingscamp.

Gestern ging ich spazieren. Vor mir ging eine Frau mit einem kleinen weißen Hund, der einen sehr lebendigen Eindruck machte. Wir näherten uns einer Brücke, über die der Weg geradeaus weiterführte. Plötzlich bog der Hund unter lautem Bellen nach rechts ab: „Komm her, wir gehen geradeaus weiter!", rief die Frau ihrem Hund zu. Der rannte weiter. Er schaute sie an und blieb stehen. Sie ging ihm entgegen. „Komm, wir gehen heute über die Brücke." Als die Frau etwa einen Meter vor dem Hund angekommen war, schaute er sie kurz an und rannte weg. Die Frau wurde etwas energischer. „Das ist nicht unser Weg heute. Bleib jetzt stehen!" Der Hund schaute sie kurz an und legte sich dann auf den

Rücken. Es war klar, wer in dieser Beziehung der Boss war. Als die Frau den Hund erreicht hatte, nahm sie ihn an die Leine und zerrte ihn wieder zurück in Richtung Brücke. Diese überquerten die beiden dann – nicht ohne deutliche Gegenwehr des Hundes. Als die Frau sah, dass ich immer noch amüsiert die Szene beobachtete, sagte sie zu mir erklärend: „Diesen Weg kennt er noch nicht."

> **Reisenotiz Ängste**
>
> Ich überprüfe genau den Ursprung meiner Ängste. Sind diese wirklich berechtigt? Haben sie nichts mit meiner aktuellen Situation zu tun, trenne ich mich von ihnen.

Herz über Kopf
…und immer, wenn es Zeit wird zu gehen,
verpass ich den Moment und bleibe stehen.
Das Herz sagt bleib, der Kopf schreit geh.
(Song von Joris)

Bauchgefühl

Herz oder Kopf? Herz über Kopf! – Die Musik hat zu unserem Thema klare Entscheidungen getroffen. Ich kenne keine Songs mit dem Titel: „Ich habe das rein rational entschieden und fühl mich gut, yea, yea." Jetzt sagen Sie vielleicht: „Das sind doch meistens Love Songs. Das ist etwas ganz anderes." Oder Sie sagen: „Musik hat immer etwas mit Gefühl zu tun." Aber fragen Sie sich mal, warum es so viel Musik gibt auf der Welt. Wir hören sie alle. Dann scheinen sie wichtig zu sein, Herz und Bauch. Es sei denn, Sie glauben ernsthaft, unsere Gefühle hätten bei Wendepunkten jenseits der Partnerwahl kein Wörtchen mitzureden.

Lassen Sie uns das Thema Bauchgefühl in zwei Hälften teilen. Das passt gut. Unser Gehirn hat auch zwei. Bei unterschiedlichen Tätigkeiten sind verschiedene Gehirnhälften dominant. Bei logischem Denken, Lesen oder Rechnen zum Beispiel wird die linke Hälfte stärker aktiviert. Beim Musikhören oder Träumen ist die Rechte dominant. Was unser allgemeines Denken und Verhalten betrifft, ordnen wir der linken Gehirnhälfte eher das strukturierte logisch-analytische Vorgehen zu. Von der rechten Gehirnhälfte gesteuert, tendieren wir zu intuitivem, emotionalem und kreativem Verhalten. Im Gefahrenmodus schaltet unser Körper automatisch auf die rechte Gehirnhälfte um. Das bedeutet: Verstand aus, Bauch ein. Da die Natur unser Überleben im Sinn hat, scheint unsere Intuition folglich eine wichtige Funktion zu haben. Wir schauen uns das etwas genauer an, aus naturwissenschaftlicher und sozialwissenschaftlicher Sicht.

> *„Knowing where you're going can be confusing. Trust your instincts."*
> Lewis Carrol, in Alice im Wunderland

Bauchgefühl aus biologischer Perspektive

Es gibt eine Trennung zwischen Intuition und Reflexion. Die bewusste Analyse findet im Großhirn statt. Unsere unbewusste emotionale Bewertung, bekannt als Bauchgefühl, übernimmt das limbische System. Das limbische System ist schneller als das Großhirn. Das bedeutet, während Sie noch ganz sachlich die Pros und Kontras analysieren, hat Ihr Bauch sich längst für ja oder nein entschieden.

Der amerikanische Sozialwissenschaftler Herbert Simon beschäftigte sich mit Computersimulationen des menschlichen Geistes. Entscheidungsprozesse laufen nach seinen Erkenntnissen mehr oder weniger ungestört nach Programm ab. Es sei denn, ein Gefühl lenkt unsere Aufmerksamkeit in eine andere Richtung. Dieses Gefühl sieht Simon als entscheidenden Impuls, das Richtige zu tun.

Auch der Psychologe Gerd Gigerenzer kommt mit seinen Studien zu der Überzeugung, spontan aus dem Bauch getroffene Entscheidungen seien besser als solche nach längerer Überlegung. Das bedeutet nicht, dass Sie bei Ihren Entscheidungen jetzt das Hirn ausschalten sollen. Wenn Ihr Kopf allerdings den Bauch nicht mit Argumenten überzeugen kann, hat das möglicherweise gute Gründe.

Sachliche Analyse oder Intuition? Beides hat seine Berechtigung. Dennoch, unser Bauch hat den direkten Zugang zu unserem Unterbewusstsein. Er kann umgehend Informationsquellen anzapfen, die für den Kopf nicht verfügbar sind. Unser Gehirn nimmt Umwege. Kennen Sie den Film „Alles steht Kopf"? Hier wird dieses Thema sehr anschaulich verbildlicht. Stellen Sie sich eine riesige Lagerhalle gefüllter Regale vor. Unser Bewusstsein. Wenn Sie nach Argumenten suchen, schieben Sie da Ihren Einkaufswagen durch und packen alles ein, das Ihnen für Ihre Entscheidung notwendig scheint. Zu Hause können Sie es dann ordentlich in Ihre Pro- und Contra-Regale stellen. Die Sache hat allerdings einen Haken. Es gibt Argumente die sich nicht im Sortiment der Lagerhalle befinden. Ihr Unterbewusstsein ist für Einkaufswagen leider nicht zugänglich, weil seine Informationen nicht verbalisiert sind. Gut, dass Ihr Bauch hier gute

Connections hat. Er leitet die Argumente ihres Unterbewusstseins zuverlässig weiter. Das nennen wir dann Intuition. Diese meldet uns: „Es fühlt sich gut an", oder „Ich habe hier ein komisches Gefühl". In vielen Fällen wird sie damit von uns abgebügelt: „Gefühle, Stimmungen ... Das ist mir zu diffus. Trage bitte konkrete Argumente vor, sonst kann ich das nicht erklären – mir nicht und erst recht nicht meinem Umfeld." Hier kommen wir zur zweiten Hälfte unserer Bauchgefühl-Betrachtung.

Bauchgefühl aus gesellschaftlicher Perspektive

Unsere Gesellschaft basiert auf Verstand. Wir ziehen Schlussfolgerungen und leiten daraus Regeln und Prinzipen ab. Wenn wir etwas nicht verstehen, irritiert uns das ungemein. Deswegen sind wir meistens darum bemüht, dass auch wir von den anderen verstanden werden. Wenn ich Freunden erzähle, ich nehme den Auslandsjob in x nicht an, weil ich dabei ein komisches Gefühl habe, wird die Begründung einigen nicht ausreichen. Würde ich sagen, mir sei das Klima zu kalt oder zu heiß oder ich spräche die Sprache zu schlecht, wäre das für mein Gegenüber verständlicher. Häufig liefert der Kopf nur die Rechtfertigung für das, was unsere Intuition weiß. Aber sein Ruf ist besser. Er ist gesellschaftlich anerkannter. Wir wollen sachliche Diskussionen. Kriegen wir aber selten. Stattdessen passiert in der Regel Folgendes: Wir haben ein Gefühl. Das Gefühl sagt uns, wo wir hinwollen. Jetzt suchen wir eifrig Sachargumente, die das Gefühl unterstützen. Wir werfen einen Blick auf unser Gegenüber. Für welchen Typ Argument ist es wohl besonders empfänglich? Ihr Gegenüber spielt das gleiche Spiel. Es sei denn, es trägt sein Herz auf der Zunge. Voilà, schon haben Sie eine sachliche Diskussion, die in eine sachliche Entscheidung münden wird. Aber die rationale Erklärung schlägt das Gefühl nur scheinbar. Sie haben Ihr Bauchgefühl undercover eingeschleust, als Sachargument.

Ein Unternehmen hatte nach der Fusion mit einem massiven Kundenschwund zu kämpfen. Im Zuge der Kundenrückgewinnung wurde eine Umfrage gestartet. Man wollte wissen, was den Einzelnen zum Weggang motiviert hatte. Die Antworten schwankten zwischen „kein Bedarf mehr" und „zu hoher Preis". Im Nachhinein stellte sich heraus, dass ein ehemaliger Mitarbeiter die Kunden jetzt für sein neues Unternehmen betreute, das im übrigen wesentlich höhere Preise verlangte. Der emotionale Faktor „neuer Betreuer" hatte es nicht in die Liste der Sachargumente des Fragebogens geschafft. Es hatte auch kein Kunde im freien Text vermerkt, dass er sich bei seinem alten Betreuer besser gefühlt habe.

Meistens wollen wir die Dinge logisch und kausal verständlich machen. Sind Gefühle logisch?

> **Reisenotiz Bauchgefühl**
> Mein Bauchgefühl verfügt über Informationen, die mein Kopf nicht hat. Ich lasse es bei meinen Entscheidungen offiziell mitreden.

Should I stay or should I go?
Should I stay or should I go now? If I go, there will be trouble
and if I stay it will be double.
(Song von The Clash)

Das innere Team

Inneres Team – Teambesprechung

Hü oder Hot? Oft gibt es für beide Seiten Fürsprecher und im Entscheidungsfall immer Ärger mit einer Seite.

Als ich meine Dissertation schrieb, arbeitete ich als Rezensentin für Fachbücher. Ich bekam mein Honorar in Form der Fachbücher, die ich rezensierte und behalten durfte. Einige Jahre später erhielt ich die Anfrage, Fachartikel zu schreiben. Im Vorgespräch ging es auch um das Verhandeln meines Honorars: „Frau Dr. Cordini, Sie haben schon einige Jahre Fachbücher rezensiert. In welcher Höhe war denn die Vergütung?" Meine ehrliche Antwort war: „Ich habe dafür kein Geld bekommen. Ich durfte die Fachbücher behalten. Das war ok für mich. Die waren teilweise recht teuer." Kurze Zeit später saß ich im Auto auf dem Rückweg nach Hause. Ich war fassungslos. War ich denn total bescheuert? Ich wollte einen guten Preis für meine Dienstleistung aushandeln und hatte ernsthaft gesagt, dass ich das bisher quasi umsonst gemacht hätte. Warum? Ich schimpfte den halben Weg mit mir selbst. Dann fing ich an mir zuzuhören. Können Sie sich denken, wer sich da zu Wort gemeldet hat? Es war mein inneres Team. Ich bekam eine interessante Antwort. Wollen Sie wissen, von wem?

Wer war betroffen? Zunächst gab es da meinen Geschäftssinn. Der war total sauer, da ich mich seiner Meinung nach unter Wert verkauft hatte. „Du willst x Euro pro Zeile? Dann sag doch einfach, dass Du das bisher auch bekommen hast! Das prüft doch keiner nach!" „Du Lügner! Sowas hätte sie auf keinen Fall machen können. Wie hätte Melanie denn morgen in den Spiegel sehen sollen?" Da war sie, meine Ehrlichkeit. Sie hatte sich durchgesetzt. Mir war in dem

Moment auch klar, warum. Mein Wert Integrität ist mir wichtiger als mein Geschäftssinn. In dem Moment war auch mein Ärger verschwunden. Ich war zufrieden mit meiner Entscheidung. Ich hatte mir bewusst gemacht, wie sie entstanden war.

Wenn wir Entscheidungen treffen, läuft in unserem Kopf im Prinzip dasselbe ab wie in der äußeren Welt. Wenn wir uns mit anderen Menschen gemeinsam auf ein Ziel einigen wollen, wirft jeder seine Vorstellungen, Interessen, Bedürfnisse und Bedenken mit ins Boot. Das führt gelegentlich zu Konflikten. Draußen gewinnt üblicherweise derjenige oder diejenige mit der größten Macht oder der stärksten Überzeugungsfähigkeit. In unserem Kopf wird auch diskutiert, allerdings gleichberechtigt. Alle haben die gleiche Macht, theoretisch. Das Schöne an den Kopfdiskussionen ist, alle meinen es gut mit Ihnen. Jede Angst, jeder Vorbehalt, jedes Bedürfnis, jede Sehnsucht – alle werfen sich mächtig ins Zeug, weil sie wollen, dass es Ihnen gut geht.

Die eine pusht Sie zu Ihren Wünschen, damit Sie glücklich werden, der andere will Sie vor Gefahren schützen, damit Sie sich nicht verletzen. Außer es sind eingeschleuste fremde Agenten. Blicken Sie dazu in das Kapitel „Glaubenssätze – Unsere Kindheit begleitet uns". Ansonsten sind das alles im Grunde sympathische Typen. Nur diskutieren die üblicherweise hinter verschlossenen Türen. Sie hören die Argumente nicht. Was Sie mitbekommen, ist die Verfassung jedes inneren Teammitglieds. Die ist, je nachdem, wie es sich gerade in der Diskussion durchsetzen kann, gut oder schlecht. Das merken Sie selbst an Ihrer Stimmung oder in Form von konkreten Gefühlen, auch gegensätzlichen. Das sind die üblichen Begleiterscheinungen eines Gewissenskonflikts.

Im Film „Alles steht Kopf" wird auf wundervolle Weise verdeutlicht, wie das innere Team in unserem Kopf agiert und was das mit uns macht. Wichtig ist zunächst die Erkenntnis, dass jede Perspektive ihre Berechtigung hat und zu einem anderen Ziel führen kann. Das gilt übrigens auch in der Welt außerhalb unserer Köpfe. Ich erkläre das oft mit einem Bild, das ich das Bergsteigertreffen nenne.

> **Beispiel**
>
> *Stellen Sie sich vor, drei Freunde machen eine Wanderung: ein Bauunternehmer (A), eine Biologin (B) und ein Extrembergsteiger (C). Irgendwann haben die drei den Gipfel erklommen. Sie stehen dicht zusammen und schauen alle in die gleiche Richtung auf den benachbarten Berg. Dort ist eine große Lichtung. Die Reaktionen sind allerdings sehr unterschiedlich:*
> *A: Ach, wie cool.*
> *B: Nein, total schrecklich.*
> *C: Quatsch, langweilig.*

> *Was haben die drei wohl genau gesehen? Überlegen Sie selbst, bevor Sie weiterlesen.*
> *Sie werden sich wundern, alle sahen exakt dasselbe. Allerdings jeder durch seinen persönlichen Fokus. A sieht erfreut die infolge des Baumsterbens abgeholzte Fläche, die er jetzt gerne als Baugrundstück für ein Hotel erwerben würde. B sieht eine weitere Eskalation des Waldsterbens und ist darüber sehr besorgt. C stellt gelangweilt fest, dass der kahle Hang gegenüber viel zu seicht ist und für ihn sportlich keine Herausforderung darstellt.*

Alle Reaktionen sind nachvollziehbar aus der eigenen Perspektive. Alle Reaktionen sind sonderbar aus einer anderen.

In Ihrem Kopf ist das etwas anders. Sie kennen alle Perspektiven, weil alle Ihre eigenen sind, auch die Gegensätzlichen. Schauen Sie sich genau an, welche Ihrer Werte und Motive die einzelnen Typen verteidigen. In der Regel sind diese Ihnen unterschiedlich wichtig. Ihre zentralen Werte und Motive stehen über den anderen. Ich nenne sie Halo-Werte (bzw. Halo-Motive). Es sind Werte, die Ihnen besonders am Herzen liegen und deren Verletzung sich nicht kompensieren lässt. Halo-Werte sollten Sie als erstes zufrieden stellen, weil Sie Kompromisse hier nicht glücklich machen werden.

Ich zum Beispiel habe den Wert Pünktlichkeit. Ich habe eine Freundin, deren Zeitvorstellung etwas fließender ist. 15.00 Uhr bedeutet für sie irgendwas zwischen 15.00 und 15.30 Uhr. Je nachdem, was ihr vorher noch so passiert. Ich habe eine andere Freundin, die zwar gerne pünktlich wäre, es aber irgendwie selten schafft. Sie verschätzt sich immer im Timing. Für mich ist beides ok. Ich kann das entspannt akzeptieren und richte mich entsprechend darauf ein. Pünktlichkeit ist für mich kein Halo-Wert. Er überstrahlt nicht alles. Anders ist das mit Integrität. Ich kann es schwer ertragen, wenn Menschen über andere in deren Abwesenheit lästern. Insbesondere, wenn es sich um das nähere Umfeld wie Freunde, Familie oder Kollegen handelt. Das geht soweit, dass ich ein Arbeitsumfeld verlassen muss, meine Kontakte reduzieren bzw. die Freundschaft beende. Integrität ist einer meiner Halo-Werte. Wenn gegen diesen verstoßen wird, kann ich in diesem Umfeld nicht glücklich werden.

Was sind Ihre Halo-Werte?

Inneres Team – Spieltaktik

Kommen wir zur Führung Ihres inneren Teams. Sie sind an einem Wendepunkt. Angenommen, Sie sind hin und hergerissen. In Ihrem Bauch mischt sich ein schwer verdaulicher Gefühlscocktail. Schauen Sie sich die einzelnen Zutaten an.

Wenn Sie einen Gewissenskonflikt haben, setzen Sie sich mit Ihrem inneren Team zusammen. Hören Sie sich alle Argumente gut an. Was wird

Ihre Strategie? Setzen Sie auf Abwehr, Angriff oder Zeitspiel? Wenn Sie auf Angriff spielen, ergibt es keinen Sinn, zehn Abwehrspieler auf das Feld zu schicken. Wie viele Stürmer brauchen Sie, wie viele Verteidiger? Was soll überhaupt verteidigt werden? Wo müssen Sie Raum nach vorne gewinnen und mit welcher Taktik? Wenn ein Thema Ihnen wiederholt Rückschläge bereitet, brauchen Sie Manndeckung. Lassen Sie das Thema nicht aus den Augen, bis Sie auf Ihrem Weg sind.

Ihre Motive sind nur scheinbar widersprüchlich. Das eine verteidigt, das andere stürmt nach vorne, alle dienen sie derselben Sache, alle spielen in einer Mannschaft – für Sie.

Sie sind die letzte Entscheidungsinstanz. Ihr Team liefert Ihnen lediglich die bestmögliche Entscheidungsgrundlage. Wenn Sie das üben möchten, finden Sie im "Trainingscamp" hierzu die Übung: Mannschaftsaufstellung – mein inneres Team.

> **Reisenotiz Inneres Team**
> Ich honoriere die Leistungen und Qualitäten meiner inneren Spieler und überlege mir genau, wen ich für das aktuelle Spiel aufstellen möchte.

The moral of the story
…Some mistakes get made. That's alright, that's ok.
In the end it's better for me. That's the moral of the story…
(Song von Ashe)

Schuld

Wer hat sie und wen interessiert das?

Fehler gehören zum Leben und die meisten sind im Nachhinein nützlich. Wenn wir an einem unangenehmen Wendepunkt stehen, schießt uns schnell folgende Frage in den Kopf: Wer ist schuld daran?

Wir tendieren oft dazu, einen Schuldigen auszumachen. Das vereinfacht die Lage und befriedigt unser Bedürfnis, die Welt in Kausalitäten abzubilden. A hat B verursacht. Oft sind die Dinge allerdings komplizierter.

Meine Schuld – Deine Schuld?

Wenn wir Schuld suchen wollen, haben wir zwei Möglichkeiten: Entweder suchen wir sie bei uns oder wir suchen sie bei anderen.

Schuld suchen ist grundsätzlich keine erfreuliche Tätigkeit. Wenn wir die Schuld bei anderen gefunden haben, macht uns das wahrscheinlich wütend. Aber zumindest müssen wir uns keine Vorwürfe machen. Wir richten unsere unguten Gefühle auf andere. Das entlastet uns ein wenig und holt das Gegenüber dafür mit ins Schuldboot. Häufig ist das allerdings etwas voreilig.

Sie sind auf einer Party. Ihr Freund Sven steht mit einem Glas in der Hand in der terracottagefliesten Küche. Plötzlich lässt er das Glas fallen. Es zerbricht. Die Schuldlage ist klar, oder? Andere Perspektive: Die Gastgeberin sieht, dass Sie Sven von hinten auf die Schulter gefasst haben, eine Sekunde, bevor er das Glas fallen gelassen hat. Andere Perspektive: Sie sehen, dass auf der Straße, auf die Sven gerade geschaut hat, eine Frau angefahren wurde.

Ändert das die Schuldlage?

Schuld entsteht schnell in unseren Köpfen. Auf den ersten Blick liegt alles klar auf der Hand. Fakt ist allerdings: Selten lässt sich ein Ereignis eindeutig auf das Wirken eines einzelnen Faktors zurückführen. Was macht das mit der Schuldfrage in Ihrem Kopf?

Finden wir nur bei uns selbst die Schuld, verursacht das ein schlechtes Gewissen, im schlimmsten Fall die Überzeugung: Ich bin nicht ok. Wir richten die Wut auf uns selbst.

Stellen Sie sich vor, Sie haben ein attraktives Jobangebot. Nach längerer Überlegung kündigen Sie Ihren bisherigen Arbeitsplatz. Leider wird der neue Weg nicht so schön. Ihre Familie ist am neuen Wohnort unglücklich. Der neue Job entpuppt sich als uninteressant und das Arbeitsklima ist angespannt. Sie beginnen, sich Vorwürfe zu machen. „Ich bin schuld. Ich habe entschieden, meinen schönen Job, mit dem alle glücklich waren, hinter mir zu lassen."

Ist das jetzt Ihre Schuld?

Das Wörterbuch beschreibt Schuld als Ursache eines Unglücks. Möchten Sie sich diesen Schuh alleine anziehen?

Nehmen Sie Corona: Wer war daran schuld? Eine chinesische Marktfrau? Eine Fledermaus? Ein Labor irgendwo in China? Charles Darwin? Die Evolution? Irgendein Zufall, wie diese jeden Tag passieren? Wobei würde uns die Erkenntnis heute helfen?

Nicht schuldig in allen (Wende-)Punkten!

Keiner ist schuld an Veränderung. Das Umfeld ist nicht schuld, wenn es sich verändert. Sie sind nicht schuld, wenn Sie sich verändern. Es ergibt auch keinen Sinn, sich damit zu beschäftigen, weil die Schuldfrage in der Vergangenheit liegt. Wenn Sie den Schuldigen haben, was hilft es Ihnen im Jetzt?

Schuld schaut rückwärts und lähmt, weil sie ein schlechtes Verhältnis gegenüber anderen oder uns selbst verursacht. Sie hindert uns daran, vorwärts zu gehen. Das ist ein ungünstiger Ausgangspunkt für einen Richtungswechsel.

Nehmen wir einen schleichenden Wendepunkt, unsere Kindheit zum Beispiel. Früher waren Sie klein. Jetzt sind Sie groß. Sie wachsen. Eine Folge von Wachstum ist, dass wir aus unseren Schuhen herauswachsen. Der Schuh ist zu klein. Ist er jetzt schlechter als vorher? Nein, er passt uns nur nicht mehr. Daran hat er keine Schuld, wir auch nicht.

Puzzeln Sie gerne? Das ist auch ein schönes Beispiel. Angenommen, Sie puzzeln seit Langem ein großes, komplexes Puzzlespiel. Man könnte es auch Ihr Leben nennen. Welches der Puzzleteile ist schuld, wenn etwas nicht zusammenpasst? Das linke? Das rechte? Das in der Mitte?

Diese Frage ist genauso absurd, wie die Frage, wer daran schuld ist, wenn Menschen nicht mehr zusammenpassen oder Menschen nicht in ein bestimmtes Umfeld passen oder das Umfeld nicht mehr zu dem jeweiligen Menschen. Angenommen, Sie haben fast zu Ende gepuzzelt. Doch irgendwie passt das letzte Teil nicht. Sie könnten alles wieder auseinandernehmen. Vielleicht haben Sie irgendetwas suboptimal angelegt. Vielleicht ist es ein Produktionsfehler. Sie könnten natürlich auch einfach auf das letzte Puzzleteil zeigen, das sich nicht einfügen will und sagen: Du bist schuld!

So langsam finden Sie das Thema lächerlich, richtig? Ist es auch. Wissen Sie warum?

Schuld ist eine Verurteilung. Die nützt Ihnen auf Ihrem Weg kein Stück.

Sachlich beurteilen, das ist hilfreicher, das hilft Ihnen auf Ihrem Weg.

Angenommen Sie kommen an einen Wegweiser: „rechts gefährliche Steigung eine Stunde, links Talweg drei Stunden". Das ist eine nützliche Information. Angenommen Sie nehmen die Steigung und brauchen viel länger mangels Seil und passendem Schuhwerk. Dann könnten Sie danach sagen: meine Entscheidung, ich bin schuld.

Die Folgen wären vermutlich Ärger, Selbstzweifel, Verunsicherung und was es sonst noch so an unnötigem emotionalem Gepäck auf dem Weg gibt. Sie können aber auch das Geschehene beurteilen, sachlich, ganz wertfrei. Der Weg wäre cooler und schneller gewesen mit der passenden Ausstattung. Sie lernen. Das ist hilfreich – Zwar erst beim nächsten Mal, doch das ist typisch für das Lernen. Manche wertvolle Lehre wird Ihnen für schmerzvolle Erfahrungen verkauft. Diese Währung nennt man auch Lehrgeld.

Angenommen, Sie kommen an einen anderen Wegweiser mit folgendem Text: „Peter Meier ist schuld an diesem Weg." Hilfreich?

Ach und noch etwas:

Bevor Sie sich selbst die Schuld geben, überlegen Sie bitte zuerst, ob das überhaupt Ihr Verantwortungsbereich ist.

Mein Weg – meine Entscheidung – meine Verantwortung

Im Wörterbuch steht, wenn wir Verantwortung übernehmen, sorgen wir dafür, dass alles möglichst gut verläuft. Möglichst – nicht mit Sicherheit! Wie auch. Wir sind alle keine Hellseher.

Die erste Frage in einer Situation ist folglich: Wer hat die Verantwortung? Wenn Sie nicht verantwortlich sind, stellt sich die Schuldfrage nicht. Wenn Sie feststellen: „Nein, nicht meine Verantwortung", kommt die zweite Frage. Ist es hilfreich, nach den Verantwortlichen zu suchen? Gibt es überhaupt einen Verantwortlichen?

Sie können Verantwortung auch als die Mutter der Schuld bezeichnen.

Die Verantwortung hat zwei Kinder. Wir kennen sie beide. Schuld und Verdienst. Sie wachsen in unseren Köpfen auf, wenn wir das Ergebnis der Verantwortung betrachten. Das eine wird sehr geliebt, das andere gerne mal verstoßen. Daher kommt auch die Formulierung *die Schuld von sich weisen.* Wahlweise sonnen wir uns im Rampenlicht: „Cool! Dazu habe ich beigetragen. Das war meine Idee." Oder wir zeigen mit dem Finger auf andere: „Die war es! Ich nicht."

Haben Sie auch sofort das Bild dieser beiden Kinder vor Augen? Eigentlich könnten die Zwei richtig Spaß haben, aber sie stecken fest in diesem unnötigen Streit, der überhaupt nicht zielführend ist. Sie als Erwachsener sagen dann irgendwann genervt: Leute ist doch egal, lasst uns weiter machen.

Machen wir. Seien wir erwachsen und kümmern wir uns um unsere Verantwortung, nicht um die Schuldfrage.

Also zurück zum Wendepunkt. Welche Konsequenzen wird Ihre Richtungsänderung haben? Was wird A sagen? Wird B das akzeptieren? Werde ich Z damit verletzen? Wie stehe ich in meinem Umfeld da? Am Ende stehen Sie nur vor einer Person, um Rechenschaft abzulegen: vor sich selbst. Das hat nichts mit Schuld zu tun, sondern mit Verantwortung.

Sie haben die Verantwortung für Ihre Entscheidungen – niemand sonst.

Sie haben die Verantwortung für alles, was Sie fühlen, was Sie denken, was Sie tun, und wichtig:

Sie haben auch die Verantwortung für das, was Sie *nicht* tun.

Sie übernehmen die Verantwortung für die Wahl Ihres Weges. Sind Sie auch verantwortlich für alles, was Ihnen auf diesem Weg passieren könnte, ohne dass es planbar oder vorhersehbar wäre? Nein.

Sie haben die Verantwortung für die Richtung, in die Sie gehen. Übernehmen Sie nicht noch zusätzlich die Verantwortung für alles, was Ihnen auf diesem Weg begegnet. Sie sind nicht verantwortlich für morgen nur für jetzt. Sie sind auch nicht verantwortlich für die Erwartungen der anderen. Wenn es Ihnen ein Bedürfnis ist, die Erwartungen der anderen zu erfüllen, ist das etwas anderes. Sie sind nur verantwortlich für Ihr eigenes Spiegelbild.

> **Reisenotiz Schuld**
>
> Schuld liegt hinter mir, nicht vorne. Sie ist selten hilfreich auf meinem Weg. Ich kümmere mich um meine Verantwortung und nehme Dinge auf meiner Strecke wertfrei wahr.

Life's what You make it
...Baby life's what You make it, celebrate it, anticipate it.
Yesterday's faded. Nothing can change it. Life's what You make it...
(Song von talk talk)

Hätte, wäre ... über nutzlose Konjunktive

Wäre ich doch nicht...

Feiere das Leben jetzt und trauere nicht vergeblich der Vergangenheit nach oder nicht getroffenen Entscheidungen. Diesen Rat gab mir die Gruppe talk talk schon vor Jahrzehnten auf der Tanzfläche...

Meinem Mann wurde ein zweijähriger Expat-Vertrag in Frankreich angeboten. Ich war schwanger und hatte kurz vorher entschieden zu promovieren. Ich dachte: Passt gut. Die Zeit kann ich nutzen, um meine Doktorarbeit zu schreiben. Über mein Kind lerne ich andere Mütter kennen und kann so soziale Kontakte aufbauen. Wir zogen ins Burgund mitten aufs Land. Hier gab es keine Expat-Community wie in Paris zum Beispiel. Hier gab es nur Franzosen, keine Ausländer, die in derselben Situation waren wie ich. Mein Französisch war ok. Ich bin ein extravertierter Mensch. So what. Das war der Plan soweit. Was mein Plan nicht enthielt, war die Möglichkeit, dass es für Mütter hier auf dem Land mitten in den Weinbergen keine sozialen Netzwerke gab. In Frankreich ist es vielerorts üblich, dass Mütter kurz nach der Geburt wieder arbeiten gehen, sprich nach einem Monat, maximal nach drei. Dort, wo wir wohnten, war das auch so. Goodbye Krabbelgruppen, Babyschwimmen, Spielplatzverabredungen und was ich sonst noch Geselliges mit anderen Müttern getan hätte. Die Menschen, die ich unter der Woche auf der Straße traf, konnte ich exakt zwei Gruppen zuordnen: 1. Rentner oder 2. Tagesmütter.

Sie können sich vielleicht vorstellen: Das war nicht die glücklichste Zeit meines Lebens. Habe ich sie bereut? Nein, kein Stück.

Ich habe in dieser Phase Kaltakquise gelernt. Ich sprach gnadenlos jede Person mit Kind an, die ich auf der Straße traf und interviewte diese zu ihrem Tagesablauf. Ich fand so tatsächlich zwei Mütter, die nicht arbeiteten – nach sechs Monaten. Mit einer entstand eine enge Freundschaft. Ich machte endlose Spaziergänge in der Natur und tat damit etwas für meine Fitness. Meine Tochter hatte meine vollste Aufmerksamkeit, den ganzen Tag. Wer auch sonst? Ihre Schlafphasen nutzte ich für die Arbeit an meiner Dissertation. Ich lernte die französische Mentalität in dieser Region kennen, und stellte fest, dass wir dauerhaft nicht zueinander passen würden. Das änderte allerdings nichts daran, dass mein Bedürfnis nach Kontakten und Abwechslung auch akut auf der Strecke blieb und meine Stimmung so langsam Richtung Keller driftete.

An dieser Stelle wäre der passende Auftritt für die Hauptdarsteller dieses Kapitels: „hätte" und „wäre".

„Hätte ich mich besser informiert…, wäre ich später schwanger geworden… hätten wir eine Wohnung in der Stadt gesucht… hätten wir auf ein Angebot aus den USA gewartet…"

Die Worte „hätte, wäre" finden wir meistens im Kontext des Bedauerns. Was ergibt das für einen Sinn? Sie denken über etwas nach, das hätte sein können, aber nicht ist. Was dann hätte zur Folge haben können … oder auch nicht. In jedem Fall beschäftigen Sie sich nicht mit der Realität. Was bedeutet, derartige Gedanken haben auch keinen Einfluss auf die Realität – höchsten auf Ihre aktuelle Stimmung – die geht runter. Dennoch erfolgt der Blick nach hinten leider oft automatisch.

Wäre ich an der vorletzten Kreuzung abgebogen, müsste ich mich jetzt nicht mit den unangenehmen Hindernissen auf diesem Weg auseinandersetzen.

Nö, aber vielleicht mit anderen.

Ist das typisch für Sie? Für viele andere auch. Kaum sind wir erleichtert, eine schwierige Entscheidung getroffen zu haben, stehen Sie schon vor der Tür: unsere Zweifel. Akribisch halten sie Ausschau nach Indizien, die für eine falsche Wahl sprechen. Sie lenken unseren Blick von unserem Weg ab: „Vergleich mal mit links und da hinten, das wäre doch auch eine tolle Option gewesen."

Irgendwann wissen wir unseren Weg nicht mehr zu schätzen, weil unsere Zweifel sich mit verpassten Möglichkeiten herumquälen. Kommen Sie nicht vom Weg ab. Unterstützung dabei finden Sie im Trainingscamp in der Übung „Hier und jetzt – Entscheidungen abschliessen". Das Leben ist ein Geschenk. Ein wenig Wertschätzung und ein „Danke" ab und zu sind hilfreich.

Yesterday is history, tomorrow is a mystery, today is a gift, that's why it's called present.
   Eleanor Roosevelt

Hätte ich doch…

Ich war siebzehn, bald würde ich meinen Führerschein haben. Das Tor zur Freiheit. Ich würde jedes Wochenende so lange in der Disko bleiben können wie ich wollte, unabhängig davon, wie der öffentliche Nahverkehrsfahrplan seine Bahnen einteilte. Ich könnte Freunde abholen, auch abgelegene Kneipen erreichen. Kurz, es waren großartige Aussichten. Nach gefühlten 100 Fahrstunden meldete mich mein Fahrlehrer endlich zur praktischen Prüfung an. Ich fiel beim ersten Mal durch, beim zweiten Mal auch. Nach dem dritten Mal würde mir der sogenannte „Idiotentest" drohen und meine selbstbestimmten Diskobesuche in weiter Ferne verschwinden lassen. Ich kannte mein Problem. Es lag an meiner Nervosität. Am Morgen der dritten Prüfung hatte ich eine Idee. Ich nahm einen großen Schluck aus der Wodkaflasche in unserem Barschrank. Wodka macht keine Fahne, aber er entspannt ungemein. Und mal ehrlich, welcher Polizist hält einen Fahrschüler an, der nicht optimal fährt und überprüft dessen Alkoholpegel? Nach zwei Stunden hielt ich glücklich meinen Führerschein in der Hand.

Was, wenn ich das dritte Mal durchgefallen wäre? Ich hätte gedacht, ok, Wodka hilft auch nicht. Was, wenn ich den Wodka nicht getrunken hätte und das dritte Mal durchgefallen wäre? Genau! „Hättest Du doch den Wodka getrunken, Melanie!"

Der französische Schriftsteller Marcel Proust hat dazu einen schönen Satz gesagt:

Wir bereuen immer nur das, was wir nicht getan haben.
   Marcel Proust

Hier und jetzt

„Hätte, hätte, Fahrradkette." Das sagte unter anderem der SPD-Kanzler-Kandidat Peer Steinbrück, als er 2013 von einem Reporter auf eine versäumte Recherche im Wahlkampf angesprochen wurde. Hätte reimt sich auf Fahrradkette, das ist alles. Ansonsten ist der Inhalt absurd. Genau wie die Frage.

Es gibt diverse Arten, sein Leben zu betrachten: rückblickend, vorwegnehmend oder jetzt.

Es gibt aber kein Zurück, gibt es nie. Morgen ist immer anders als heute oder gestern. Wir leben heute.

> *I can't go back to yesterday, because I was a different person then.*
> *Lewis Carroll, Alice im Wunderland*

Bei wirklich wichtigen Entscheidungen stelle ich die letzte Frage immer mir selbst, und zwar im Moment der Entscheidung: „Wenn morgen Dein letzter Tag wäre, und Du würdest zurückblicken auf Dein Leben: Was würdest Du bereuen, versäumt zu haben?" Würde ich dann sagen: „Schade, dass Du diesen Weg nicht gegangen bist." Dann gehe ich ihn *hier und jetzt*.

> **Reisenotiz Hätte...wäre**
> Hätte und wäre beschreiben Möglichkeiten, die es nicht mehr gibt. Ich entferne umgehend diese Gedanken aus meinem Gehirn. Sonst verpasse ich, das Hier und Jetzt zu schätzen.

> *Lass die Leute reden*
> *...Hast Du etwas getan, was sonst keiner tut?*
> *Hast Du hohe Schuhe oder gar einen Hut*
> *oder hast Du etwa ein zu kurzes Kleid getragen,*
> *ohne vorher Deinen Nachbarn um Erlaubnis zu fragen?...*
> *(Song von den Ärzten)*

Einfluss sozialer Normen und Werte

Wenn wir am Wendepunkt stehen, können wir unsere Alternativen auch hinsichtlich der sozialen Akzeptanz vergleichen. Wenn Sie eine ungewöhnliche Richtung einschlagen, eine Richtung, die Ihr Umfeld nicht erwartet, kann das kritische Reaktionen hervorrufen. Selbst bei gewöhnlichen Richtungen passiert das gelegentlich, davon konnten Die Ärzte ein Lied singen.

Gesellschaft ist ein komplexes System. Wir brauchen Strukturen, um nicht im Chaos unterzugehen. Jede Kultur hat ihre Regeln, damit ihre Mitglieder eine Orientierung haben, wie sie sich verhalten und miteinander umgehen sollen. Das beeinflusst uns auch am Wendepunkt, vor allem, wenn wir unkonventionelle Wege gehen.

Stellen Sie sich soziale Normen als offizielle und inoffizielle Spielregeln vor. Regeln helfen mir, weil ich weiß, was von mir erwartet wird. Gleichzeitig stören sie mich gelegentlich, wenn sie mich daran hindern, das zu tun, was ich tun möchte.

Im Spiel können wir die Regeln ändern, wenn wir es wollen. Im Leben können wir das nicht immer, zum Beispiel, wenn die Regeln im Gesetzbuch stehen. Aber das ist nur ein kleiner Teil. Viele Regeln sind lediglich Optionen. Wir können entscheiden, ob wir uns nach ihnen richten oder ob wir die ein oder andere nach unseren persönlichen Bedürfnissen verändern.

Prof. Dr. Dirk Helbing ist seit 2007 Professor für Soziologie an der ETH Zürich und beschäftigt sich mit komplexen Systemen. Er hat Trampelpfade in Parks untersucht. Wir können das Thema Wegbeschaffenheit gut auf unser Wendepunktthema übertragen. Warum gehen wir meist auf den befestigten Wegen? Wer bevorzugt Trampelpfade und was führt dazu, dass wir uns einfach querfeldein durch die Büsche schlagen?

Befestigte Wege, Trampelpfade oder Cross Country?

Sie können die befestigten Wege mit allgemein geteilten sozialen Normen und Werten vergleichen. Hier fühlen wir uns sicher, weil alle das so machen. Wir überlegen nicht, was passieren könnte, wenn wir da langgehen. Wir wissen, wo uns der Weg hinführt. Im Allgemeinen führt der Schulbesuch zu einem Abschluss, der Arztbesuch zu einer Diagnose und das Überqueren der Ampelkreuzung bei Grün zum sicheren Erreichen der anderen Seite. All das gibt uns eine Orientierung und Sicherheit. Beachten Sie dabei allerdings: Soziale Normen sind kulturabhängig. Ein typischer Italiener an einer roten Ampel denkt sich wahrscheinlich: „Ich könnte jetzt stehen bleiben oder auch nicht". Ein typisch Deutscher denkt eher: „Ich muss jetzt stehen bleiben." (Auch wenn es hier keine Fahrzeuge gibt.)

Bevor Sie jetzt aufschreien: Jaa die Italiener ... und die Franzosen erst ... und ... Es geht gerade nicht um Bewertung. Es geht nicht darum, wer die besseren Regeln oder Sitten hat. Wir beschäftigen uns damit, wie Sie sich auf dem gewählten Weg fühlen und was Konsequenzen Ihres Handelns sein könnten (Abb. 2).

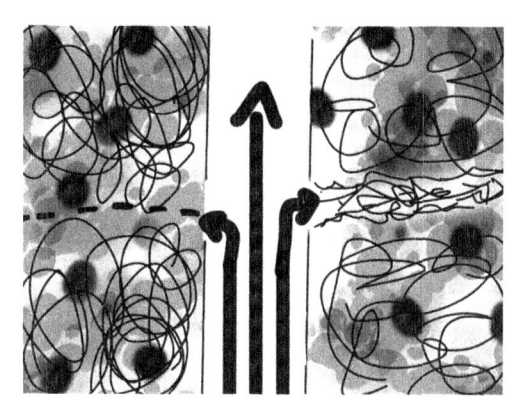

Abb. 2 Lebenswege

Der offizielle Weg bietet die bessere Unterstützung. Wenn Sie hier einen Unfall haben, können Sie leicht Hilfe rufen: „Ich liege hier auf Weg y auf der Strecke von A nach B."

Ein Notruf von Cross Country ist schwieriger: „Hilfe, ich liege hier irgendwo in der Pampa in Gebiet z!"

Entscheiden wir uns für den Trampelpfad, steht dort kein offizieller Wegweiser. Aber wir haben Indizien, dass dieser Weg irgendwo hinführt, sonst wären da nicht die deutlichen Spuren. Ist das erlaubt? Ist es eine Abkürzung? Wir wollen möglicherweise Abwechslung oder etwas mehr Privatsphäre. Oder wir fühlen uns ein wenig stolz, eigenverantwortlich. Sind Sie schon mal Trampelpfade gegangen? Dann ist es Ihnen sicher auch schon passiert, dass die plötzlich aufhören. Was denken Sie dann? Mist, jetzt muss ich wieder zurück? Da haben sich die vor mir auch geirrt. Oder denken Sie: Cool, jetzt geht es Cross Country weiter. Ich fühle mich wie ein Pionier.

Welchen Weg gehen Sie?

Lassen Sie uns die Wegmetapher auf das Leben übertragen. Der befestigte Weg ist gesellschaftlich anerkannt, erprobt, gesichert. Was Vielen wichtig ist: Er führt zu einem klar definierten Ziel. Sie machen eine Ausbildung nach der Schule. Danach sind Sie in ein paar Jahren gelernte XY und haben damit Ihre Eintrittskarte zu den Berufen XY. Sie studieren? Dann haben Sie irgendwann einen Master-, Bachelor-, Dr.-, Prof.- Titel. Sie haben eine gesellschaftlich anerkannte Qualifikation. Das verleiht Ihnen eine Art Gütesiegel, das Ihnen zum Beispiel Einladungen zu Vorstellungsgesprächen verschaffen kann. Dieser Weg ist ausgebaut, klar ausgeschildert.

Der Trampelpfad ist etwas riskanter. Den sind auch schon einige gegangen, aber er ist weder professionell angelegt noch klar strukturiert. Es besteht die Gefahr, dass er vor Ihrem Ziel endet. Er könnte unvorhersehbare Hindernisse enthalten. Er könnte kürzer oder länger sein als der befestigte Weg. Es gibt keinen garantierten, vorher absehbaren Verlauf. Risiko! Auf den breiten Wegen finden wir leichter Unterstützung und auch die größere Akzeptanz.

Angenommen, Sie hätten eine ernsthafte Krankheit. Krebs oder eine schwere Depression. Sie entscheiden sich gegen Chemotherapie und gegen Antidepressiva. Sie gehen den Weg einer alternativen Behandlung mit einem nicht etablierten therapeutischen Ansatz. Vielleicht sagen Sie auch, ich vertraue auf Selbstheilung und meditiere darüber. Welche Reaktionen sind wahrscheinlich? „Klar, viel Glück. Mach, womit Du Dich gut fühlst", „Davon habe ich noch nie gehört. Das finde ich gefährlich." oder „Bist du wahnsinnig! Das steht in keinem medizinischen Lehrbuch und Studien darüber gibt es auch noch nicht."

Viele soziale Normen steuern uns unbewusst. Das Schwierige an ihnen ist: Sie werden erst sichtbar, wenn wir gegen sie verstoßen.

Der amerikanische Soziologe Harold Garfinkel hat mit diesen unbewussten Normen experimentiert. Er nannte seine Untersuchungen Krisenexperimente. Haben Sie jemals über den Abstand, den Sie gegenüber anderen beim Sprechen einhalten, nachgedacht? Garfinkel hatte seine Studierenden ihren unbewusst eingenommen Sprechabstand reduzieren lassen. Das jeweilige Gegenüber war verwirrt, irritiert bis extrem verstört.

Ich fand das interessant und habe vor einigen Jahren zu Semesterbeginn das ein oder andere Krisenexperiment gestartet. Ich habe mich auf eine ungewöhnliche Art verhalten, die keinen direkten Einfluss auf Inhalt, Ablauf oder Qualität meiner Veranstaltung hatte. Einmal stellte ich mich zu Beginn einer Vorlesung in Socken auf den Stuhl, anstatt mich darauf zu setzen. In einem anderen Kurs hatte ich neben mir ein großes Stofftier auf einem Stuhl platziert, ohne das zu kommentieren. Die Folgen waren deutlich. Zuerst Belustigung, dann mangels erwarteter Erklärung Irritation. Meine Studenten konnten sich schwer auf die Kursinhalte konzentrieren. Sie waren offensichtlich mehr mit der Bedeutung meines Verhaltens beschäftigt, das sie sehr verunsicherte.

Hier haben wir noch ein Unterscheidungskriterium der drei Möglichkeiten befestigter Weg, Trampelpfad und Cross Country: die Akzeptanz. Sie hat immer mit Bewertung zu tun. Bewerten Sie Entscheidungen und wenn ja, nach welchen Kriterien? Vorsichtig oder feige, verantwortungslos oder mutig? Geht es Ihnen bei Ihren Entscheidungen eher darum, was anderen passt oder darum, was zu Ihnen passt? Wenn Sie an dieser Stelle ins Grübeln kommen, schauen Sie unbedingt in die Kap. „Motivation – was uns antreibt und glücklich macht" oder „Kinder – ein Dauerwendepunkt".

Zurück zu den drei Richtungen. Der klassische vorgeschriebene Weg hat im Allgemeinen die größte Mehrheitsfähigkeit. Je weiter wir davon abweichen, desto lauter werden die Kritiker, vor allem wenn es nicht klappt. Mehr zum Thema Besserwisser finden Sie im Kap. „Hätte, wäre ... über nutzlose Konjunktive".

Bei der dritten Variante Cross Country schlagen Sie sich einfach in die Büsche. Keine Erfahrungsberichte, keine Fußspuren, Sie betreten Neuland und sind auf sich gestellt, mit allen Chancen und Risiken, was es dabei zu entdecken gibt. Sie gründen zum Beispiel ein Start-up. Ein ganz neues Produkt. Sie müssen das Terrain selbst bearbeiten. Vielleicht haben Sie eine App entwickelt, mit der man Aromen verschicken kann, ein Programm, das exakt die nonverbalen Inhalte von Chats und Mails lesen kann. Wer braucht das? Wer kann es sich leisten? Wie setzen Sie das um? Gibt es Risiken, Folgeschäden, Nebenwirkungen? Funktioniert es wirklich immer? Sie können auf nichts zurückgreifen, außer auf Ihre eigene Idee und Ihre Zuversicht. Wenn Sie es schaffen, super! Vielleicht wird dieser Weg nach Ihnen benannt und alle rennen Ihnen hinterher. Wenn nicht, haben Sie hoffentlich Plan B.

Wer und was entscheidet darüber, welchen Weg Sie gehen? Vergessen Sie dabei nicht: Die meisten befestigten Wege sind aus Trampelpfaden entstanden oder wurden Cross Country gebaut.

> **Reisenotiz soziale Werte und Normen**
> Wähle ich einen klassischen Weg, oder verzichte ich darauf, wenn mich der individuelle Trampelpfad oder die Freiheit Cross Country mehr reizen?

Virus oft the mind
…and he was saying „When You let other people tell You what's right
When You leave Your instinct and your own truth behind"…
That's a virus of the mind…
…and it feeds the doubts, that You have inside
It almost starts to feel like a crime
to follow your own rhythm and rhyme…
(Song von Heather Nova)

Glaubenssätze – Unsere Kindheit begleitet uns

Ich habe neulich im Supermarkt zehn Minuten nach Hefe gesucht. Ich war froh, als ich endlich einen Mitarbeiter fand, der mir das Regal zeigte. Nachmittags erzählte ich die Geschichte einem Freund. Seine Reaktion fand ich interessant: „Ich hätte das nie gemacht. In so einem Fall suche ich lieber noch eine Stunde alleine weiter. Ich kann dir nicht sagen, warum das so ist, aber ich würde mich total schlecht fühlen, wenn ich jemanden um Hilfe bitten müsste."

Möglicherweise ist das Gefühl meines Freundes das Resultat eines Glaubenssatzes. Glaubenssätze sind tief verankerte Überzeugungen, die eine Einstellung zu uns selbst oder zu zwischenmenschlichen Beziehungen ausdrücken. Sie sind in der Vergangenheit entstanden und haben sich bis heute in unserem Unterbewusstsein angesiedelt. Wie dieser Ort schon vermuten lässt, leben sie da meist unentdeckt. Glaubenssätze haben in der Regel zwei Arten von Auslösern.

1. Erstens sind es Überzeugungen von Bezugspersonen aus unserer Kindheit. Als Kind nehmen wir Aussagen relativ unreflektiert als Fakt auf. Wir setzen die Meinung einer wichtigen Bezugsperson mit der Realität gleich und verhalten uns entsprechend. Je nach Inhalt machen uns diese Aussagen schwach oder stark. Das können zum Beispiel geschlechtsspezifische Aussagen sein: „Mädchen können nicht rechnen.", „Heul nicht, du bist ein Junge.", „Du schaffst das, wenn du willst.", „Egal, ob Du ein Mädchen bist.", „Sei ruhig traurig, mein Junge." Oder es sind persönliche Anweisungen: „Sei lieb, sonst machst du Mami traurig.", „Sei still, ich rede, sonst kriegst du eine gescheuert.", „Mach das selbst, ich traue Dir das zu."
2. Die zweiten Auslöser von Glaubenssätzen sind Reaktionen wichtiger Bezugspersonen, die wir als Kinder wiederholt mit unserem Verhalten auslösen. Das Gefühl, das diese Reaktionen in uns verursachen, nehmen wir mit auf unseren Weg. Wir rufen es ab, wann immer wir in ähnliche Situationen geraten. Hier einige Beispiele: „Komm sofort runter, das ist gefährlich, du brichst Dir den Hals" – Angst. „Du machst das gut, sei aber vorsichtig." – Selbstvertrauen. „Alle können das, nur du nicht." – Scham. „Schau auf Dich und überleg, was Du beim nächsten Mal noch verbessern könntest." – Selbstbewusstheit, Verantwortungsgefühl. „Papa kann das besser" – Unsicherheit, Hilflosigkeit. „Du kannst das alleine, wenn nicht, lernst du es jetzt." – Zuversicht.

Wenn aus diesen Aussagen und Gefühlen Glaubenssätze werden, leiten uns unhinterfragte Überzeugungen aus der Kindheit, die nicht unsere eigenen sind. Wir rufen in bestimmten Situationen automatisch Emotionen aus längst vergangener Zeit ab. Diese im Gehirn gespeicherten Erinnerungen, Erfahrungen und Gefühle aus der Kindheit nennt man in der Psychotherapie auch das innere Kind. Je nach seinen Erfahrungen ist Ihr inneres Kind stark oder schwach. Die Psychologin Stephanie Stahl spricht in ihrem Buch „Das Kind in dir muss Heimat finden" von Schattenkindern und Sonnenkindern. Welchen Namen sie ihm auch geben, Ihr inneres Kind steht mit Ihnen gemeinsam am Wendepunkt. Ein guter Grund sich achtsam und liebevoll darum zu kümmern.

Minderjährige am Wendepunkt – das innere Kind geht mit

Wo wir auch stehen oder gehen, wir haben immer unsere inneren Kinder dabei. Diese denken und handeln wie Minderjährige. Wir haben folglich immer einen kindlichen Anteil, der uns steuert (Abb. 3).

Sie stehen am Wendepunkt. Mit Ihnen ein wesentlicher Teil Ihres Unterbewusstseins. Ihre inneren Kinder stehen Ihnen zur Seite: schwächende Ängste, Sorgen und Nöte, die Sie von Kindesbeinen an erlebt haben, sowie alle positiven Prägungen aus Ihrer Kindheit, die Sie heute stärken. Sie haben alle Verhaltensmuster an der Hand, die vor langer Zeit aus einem Bedürfnis nach Nähe und Akzeptanz entstanden sind. Welche möchten Sie lieber loslassen? Sie halten alle Begründungen in der Hand, wie Sie sich die Welt erklärt haben. Damals, als Sie selbst noch ein Kind waren. Welche ebnen heute noch immer Ihren Weg, welche machen ihn schwer begehbar?

Selbstwert
- Ich bin schuld
- Ich bin wertvoll…

Beziehung
- Ich falle zur Last
- Ich bin eine gute Hilfe…

Grundannahmen
- Männer sind stark
- Jeder kann Schwäche zeigen…

Problemlösung
- Ich muss gefallen
- Ich bleibe mir treu…

Abb. 3 Wirkungsfelder unserer Glaubenssätze

Erfreuen Sie sich an Ihrem inneren Kind, das Sie stärkt, zum Beispiel mit Sätzen wie: „Ich kann das. Das Leben macht Spaß. Ich darf Fehler machen. Ich bin willkommen."

Wichtig ist, dass Sie sich am Wendepunkt um Ihr Sorgenkind kümmern. Negative Glaubenssätze sind belastend für Ihr Selbstwertgefühl, die Beziehung zu anderen, Ihre Lebenseinstellung und für Ihre Lösungsstrategien: „Was soll das? Das macht man nicht so. Wegen Dir ist Mama traurig." Derartige Sätze aus der Kindheit führen oft zu einer negativen Selbsteinstellung: „Ich bin nicht ok. Ich passe nicht. Ich bin schuld". Viele dieser Erfahrungen erschweren uns den Umgang mit anderen, wenn sie zu einer inneren Einstellung werden: „Ich bin verantwortlich dafür, dass es Dir schlecht geht. Ich falle Euch zur Last. Ihr wollt mich nicht." Manchmal verallgemeinern wir auch und schauen mit den Augen des inneren Kindes auf die ganze Welt: „Männer sind stark. Reden bringt nichts. Wer A sagt muss auch B sagen." Uns ist dabei selten klar, wie sehr diese inneren Postulate, die meist nicht die eigenen sind, unsere Möglichkeiten einschränken. Deutlich wird das, wenn sie als bizarre Bedingungen unsere Verhaltensmöglichkeiten reduzieren: „Ich muss stark sein. Ich muss lieb sein. Ich muss mich anpassen."

Martina wollte schon zu Schulzeiten nach Afrika, dann nach dem Abi. „Das ist für ein Mädchen viel zu gefährlich! Bleib hier, das ist sicher. Oder willst du, dass wir uns jeden Tag sorgen um Dich machen?" Mittlerweile ist sie verheiratet. Eine Freundin fragt sie, ob sie im Sommer mit Ihr nach Namibia fährt. Ihr Mann hat Flugangst. Er möchte, dass sie zu Hause bleibt. „Willst du mich wirklich drei Wochen hier allein lassen? Das wird eine harte Zeit für mich." Martina hat ein schlechtes Gewissen und sagt ihrer Freundin ab.

Wir entscheiden uns manchmal für Dinge, die wir nicht wollen, bleiben in Beziehungen, die uns nicht guttun oder lehnen Jobs ab, die wird gerne machen würden. Unser Sorgenkind folgt Überzeugungen, die nicht unsere eigenen sind. Es verfolgt Ziele, die uns nicht glücklich machen. Wenn Ihnen das bekannt vorkommt, haben Sie möglicherweise so ein Kind an der Hand. Sorgenkinder suchen sich gerne ein Umfeld, das ihnen vertraut ist und ihre Ängste bestätigt. Folge:

Wir suchen „*Du-bist-mir-nicht-genug*-Partner" oder finden uns in einer „*Du-bist-für-mein-Glück-verantwortlich*-Ehe" wieder. Vielleicht wählen wir einen „*Sie-machen-was-ich-sage*-Job". An einem spannenden Wendepunkt entscheiden wir uns dann für die „*Alles-andere-schaffe-ich-sowieso-nicht*-Variante". Schade!

Sie merken schon, ein Schattenkind macht unnötig Sorgen. So etwas können Sie am Wendepunkt nicht gebrauchen. Sie haben ja bereits mit den berechtigten Sorgen genug zu tun. Das reicht. Wie ändern Sie das?

Zuerst machen Sie Ihre unbewussten negativen Glaubenssätze sichtbar, Ihre Sorgenkinder. Fragen Sie sich gerade, wie sie diese finden? Was machen Sie mit einem Kind, das sich versteckt hat? Genau. Sie suchen es. Wie Ihnen das gelingt, lernen Sie im Trainingscamp unter: Versteckspiel mit dem inneren Kind – Glaubenssätze finden.

Gefunden. Schön, dann folgt der zweite Schritt. Was machen Sie mit einem verängstigen oder traurigen Kind? Sie machen ihm Mut. Sie stärken es. Sie trösten es. Sie reden mit ihm. Damit Sie das gut hinbekommen, benötigen Sie ein wenig Einfühlungsvermögen.

Der Urheber Ihrer Glaubenssätze sind nicht Sie, wie Sie heute sind. Das waren Sie als Kind. Was passiert, wenn Sie einem kleinen weinenden verängstigten Kind folgendes sagen: „Also hör mal, das ist jetzt völlig irrational und es bringt Dich auch nicht in der Sache voran. Analysiere das mal ganz nüchtern!" Vermutlich ist es kurz verwirrt und weint dann weiter. Sie reden mit Ihrem inneren Kind – nicht mit einem Erwachsenen. Begeben Sie sich bitte auf Augenhöhe. Zum Beispiel so: „Ich kann gut verstehen, dass Du Angst hast und traurig bist. Deine Eltern haben das damals gemacht, weil… Daran hattest Du keine Schuld. Du kannst das heute anders machen. Du bist jetzt erwachsen. Du kannst selbst entscheiden. Du brauchst Dich nicht danach zu richten, wenn es nicht Deine Überzeugung ist."

Sie finden das albern? Macht nichts. Es braucht kein Dritter dabei zu sein, wenn Sie sich unterhalten. Ich versichere Ihnen allerdings, Sie werden Ihr inneres Kind auf diese Weise besser erreichen. Erst wenn es sich akzeptiert und verstanden fühlt, können Sie seine Überzeugung verändern. Eine Anregung hierzu finden Sie im Trainingscamp in der Übung: Das innere Kind stärken – Glaubenssätze neutralisieren.

> **Reisenotiz Glaubenssätze/Das innere Kind**
>
> Ich finde meine Glaubenssätze. Ich kümmere mich fürsorglich um mein Sorgenkind. Ich befreie mich so von fremden Überzeugungen, die mich einschränken und an meinem Weg hindern.

Vierte Etappe – Leben

Dieses Kapitel landet mitten im Leben. Sie erkennen konkrete Zusammenhänge zwischen Ihrer seelischen und mentalen Verfassung und körperlichen Symptomen. Sie begeben sich in typische Lebenswendepunkte wie Kindheit und Elternsein, Schulabschluss, persönliche Trennung oder Ruhestand. Dabei wird klar, welche Herausforderungen der jeweilige Lebensabschnitt an Sie stellt. Lernen Sie, diese optimal anzunehmen und welche Einstellung Sie dabei am glücklichsten macht.

Körper und Seele

> *„Ein Symptom ist der körperliche Ersatz für das, was der Seele fehlt"*
> *Detlefsen, Dahlke in „Krankheit als Weg"*

Unser Freund das Symptom

Es gibt eine absolut zuverlässige Quelle, die Sie auf Ihrem Weg mit wichtigen Informationen versorgt. Das ist Ihr Körper. Seine Symptome geben Ihnen Hinweise zu ungelösten Konflikten, unausgesprochenen Themen oder überfälligen Entscheidungen. Egal, ob Sie unentschlossen am Wendepunkt stehen, ob Sie gerade eine neue Richtung eingeschlagen haben, oder ob Sie unbewusst an einem unpassenden Weg festhalten, Ihr Körper gibt Ihnen immer ehrliches Feedback – und zwar ungefragt.

Wir haben das Bedürfnis, Dinge, die uns passieren, zu deuten. Das ergibt schon alleine deshalb Sinn, damit wir uns nicht dem Schicksal ausgeliefert fühlen. Dabei wollen wir nicht nur erklären, was um uns passiert, sondern auch das, was mit uns passiert: „Ich habe Bauchschmerzen. Vielleicht war das Essen zu fett." „Mein Kopf tut weh. Das könnte von meinem verspannten Nacken kommen." „Ich habe Rückenschmerzen. Ich sollte wohl mehr Sport machen." „Schon wieder eine Mittelohrentzündung. Wo könnte ich Zug bekommen haben?"

Wenn wir den Bezugsrahmen für unsere Deutung allerdings nur in der Ebene suchen, auf der das Ereignis auftritt, können wir es nicht in einen größeren Gesamtzusammenhang einordnen. Wir nehmen uns damit eine Vielzahl an Perspektiven, die uns neue Wege eröffnen könnten. Haben wir Krankheitssymptome, merken wir, dass etwas in unserem Körper aus dem Gleichgewicht geraten ist. Die Bedeutung dieses Ungleichgewichts beschränkt sich selten allein auf die körperliche Ebene.

Betrachten Sie ein Symptom nicht als zufälliges Ereignis, sondern als Signal Ihres Körpers. Möglicherweise bezieht sich dieser Hinweis nicht nur auf erforderliche Maßnahmen Ihren Körper betreffend. Reflektieren Sie bei jedem körperlichen Symptom immer Ihr ganzes Leben. Vielleicht möchte Ihr Körper Ihnen mit seiner aktuellen Verfassung etwas Wichtiges mit auf den Weg geben.

Oft unterdrücken wir Symptome unreflektiert. Das bringt uns möglicherweise um eine wichtige Erkenntnis. Wir fühlen uns zwar besser, aber es macht uns nicht schlauer. „Ich nehme ein Aspirin gegen meine ständigen Kopfschmerzen. Wenn sie weg sind, kann ich weitermachen, wie bisher." Wenn dieses Mittel gut wirkt, brauchen wir nicht weiter darüber nachzudenken. Wir wissen, wie wir die Schmerzen schnell loswerden können. Was aber, wenn unsere Kopfschmerzen ein Hinweis waren? Stellen wir zusätzlich auch die Frage: „Bereitet mir gerade etwas Kopfzerbrechen?", und ist die Antwort „Ja", weisen die Kopfschmerzen uns vielleicht darauf hin, dieses Thema abzuschließen. Wenn wir das geschafft haben, könnte es gut sein, dass die Kopfschmerzen von alleine verschwinden. Sie haben ihre Funktion erfüllt.

Eine typische Frage an einen Kranken lautet: Was fehlt Dir? Diese Frage können wir auch im übertragenen Sinn verstehen. Was ist Dir noch nicht bewusst? Was fehlt Dir in Deinem Leben? Was fehlt Dir, um Dich für eine neue Richtung entscheiden zu können?

Das Gesetz der Resonanz

Alles das, was wir auf unserem Weg wahrnehmen, könnten wir bewusst als Impuls am Wendepunkt nutzen. Mit jeder Form von Bewertung als richtig oder falsch, gut oder böse, schuldig oder unschuldig distanzieren wir uns von einem Bereich, der uns dann auf unserem Weg nicht mehr zur Verfügung steht. Das ist unsere Entscheidung: „Ich kann da nicht anfangen und wieder aufhören, wenn es mir nicht gefällt. Das macht man nicht." „Ich kann nicht einfach gehen und ihn zurücklassen. Das wäre rücksichtslos." „Ich kann das nicht offen kritisieren. Das wäre respektlos." „Ich frage nicht nach. Das geht mich nichts an." „Ich darf mich nicht einmischen und ich habe auch nicht das Recht, Kritik zu üben."

Wenn wir uns unserer Bewertungen bewusst werden, sehen wir, welche Möglichkeiten wir damit für uns ausschließen. Jetzt können wir reflektieren, warum wir das tun. Wir können entscheiden, ob wir das ändern möchten.

Man kann immer nur mit dem in Kontakt kommen, zu dem man in Resonanz steht. Je mehr Dinge uns als Möglichkeit bewusst sind, je weniger wir uns von Bereichen distanzieren, desto vielfältiger werden unsere Möglichkeiten.

Ben findet die Aufgabenverteilung in seiner Abteilung ungerecht. Er denkt allerdings, dass er nicht das Recht hat, die Arbeit seines Vorgesetzten zu kritisieren. Damit blendet er die Möglichkeit, andere Aufgaben zu erhalten, indem er den Vorgesetzten von einer anderen Verteilung überzeugt, aus.

Wenn an meinem Weg ein Kiosk steht und ich schaue da bewusst oder unbewusst nicht hin, kann ich dort auch kein Wasser kaufen, wenn ich Durst bekomme.

Manchmal ist es hilfreich, die Dinge einfach anzuschauen und sich die eigenen Möglichkeiten bewusst zu machen. Es ist nicht zwangsweise erforderlich, diese auch zu bewerten, zu begreifen oder zu verändern.

Was machen Sie? Bewerten Sie Verhaltensweisen? Leitet Sie gerne Ihr Ego?

Unser Ego lebt von der Abgrenzung: „Ich mache das besser, ich mache es anders, mir im Gegensatz zu … ist das wichtig." Hingabe, Liebe oder Selbsterkenntnis können es gefährden. „Ich bin doch nicht die, die ich dachte, zu sein." Liebe macht das Ego bedeutungslos. Manches kann ich nur erreichen, wenn ich loslasse, was mein Ego sich aufgebaut hat. Natürlich hat es davor Angst. Deswegen scheuen wir uns oft, ehrlich zu uns selbst zu sein. Unsere Symptome allerdings sind deutlich und schonungslos: „Du hast die letzte Woche viele wütenden Reaktionen runtergeschluckt. Du hast Dich nicht getraut, Kontra zu geben." Vielleicht haben Sie selbst es sich nicht eingestanden. Ihre Bauchschmerzen sind ehrlich zu Ihnen: „Ärger runterschlucken tut Dir nicht gut. Gib es zu und ändere das. Sonst wird es Dir schlecht bekommen."

Das Symptom zeigt uns, was uns im Bewusstsein fehlt. Ein im Bewusstsein nicht gelebtes Prinzip kommt über Symptome ans Licht. Die ganzheitliche Betrachtung hilft uns, unseren Weg und mögliche Abzweigungen klar zu sehen.

Im Dialog mit dem Symptom – Hören Sie zu!

Sie haben mehrere Möglichkeiten, Krankheitssymptome zu betrachten. Sie können versuchen, Auslöser Ihrer Symptome rückblickend zu finden: Kindheit, Ernährung, Lebensstil, Umweltgifte, Umfeld, Gene. Hier werden Sie einige hilfreiche Erkenntnisse sammeln. Zusätzlich können Sie nach vorne blicken. Sehen Sie und hören Sie, was Ihre Symptome Ihnen mit auf den Weg geben möchten.

Dieser Abschnitt gibt einige Beispiele, welche weiterreichenden Bedeutungen körperliche Symptome haben können.

Unwohlsein verweist meist auch auf ein psychisches Ungleichgewicht: „Was fehlt mir? Wovon habe ich zu viel?" In diesem Fall befinden Sie sich mitten in der Gegenwart. Was passiert gerade mit mir? Wie äußert sich das in meinem Körper? Welche Ereignisse laufen synchron zum Symptom ab oder davor? Das gilt für äußere Ereignisse und für innere Prozesse wie Gedanken oder Stimmungen. Akute Symptome wie Übelkeit oder Kopfschmerzen sind häufig eine unmittelbare Reaktion auf ein Ereignis.

Sie können Krankheit auch als Umbruch interpretieren, der Durchbruch zu etwas Neuem. Sie ist eine Krise. Eine Krise fordert Entwicklung. Wie der Wendepunkt eine Entscheidung verlangt. Ein Symptom hindert uns entweder dran, etwas zu tun, oder es zwingt uns dazu. Es will Veränderung.

Nehmen Sie Krankheitssymptome also ruhig als mögliche Unterstützung für Ihre Ist-Analyse. Bestimmte Organe korrelieren häufig mit bestimmten Themen. Sie weisen so auf einen konkreten Veränderungsbereich hin.

Der Atem verbindet uns mit allem. Alte Sprachen verwenden das Wort Seele oder Geist für den Atem. Wenn wir Angst haben, grenzen wir uns ab. Wir machen folglich das Gegenteil. Angst erzeugt Enge. „Es schnürt mir die Kehle zu." Dagegen hilft Ausdehnen und Hereinlassen. Wir halten vor Schreck den Atem an, was die Sache noch verschlimmert. Das erklärt auch, wieso viele Entspannungstechniken, die Schmerzen oder Angst reduzieren, mit einer bestimmten Atemtechnik arbeiten.

Ohne tiefes Atmen wäre die Geburt meiner Kinder weitaus unangenehmer gewesen. Wenn ich mich beim Zahnarzt auf meinen Atem konzentriere, schaffe ich viele Behandlungen auch ohne Spritze. Tue ich das dagegen nicht, halte ich es schwer aus.

Fragen Sie sich bei Atemwegsbeschwerden zum Beispiel, ob Ihnen etwas Angst macht, vor dem Sie sich sperren.

Magenprobleme können signalisieren: „Ich bin sauer." Ihr Körper verarbeitet sowohl physische als auch psychische Nahrung. Beides kann schwer bekömmlich sein. Das Gehirn und der Dünndarm verdauen beides. Der eine stofflich, der andere gedanklich. Wenn das Hirn seine Aufgabe ignoriert, führt das möglicherweise auf körperlicher Ebene zu Verdauungsproblemen.

Betrachten Sie Ihre Sinnesorgane doch mal als Fenster zur Seele. Eine Eintrübung der Sinne geht vielleicht mit einer Eintrübung der Selbsterkenntnis einher.

Die Ohren symbolisieren passives Hereinlassen. Interessanterweise passieren Ohrenentzündungen bei Kindern oft im Alter, in dem sie das Gehorchen lernen. Die innere Rebellion im Trotzalter, das unterdrückte Aufbegehren gegen die elterlichen Verbote zeigt sich somatisch vielleicht als Mittelohrentzündung: „Eure Ermahnungen kommen mir schon aus den Ohren raus."

Wenn wir groß und angepasst sind, raten unsere Ohren gelegentlich dazu, zuzuhören, und zwar uns selbst. Ein Hörsturz könnte Ihnen vielleicht Folgendes sagen: „Höre auf Deine innere Stimme. Damit das besser geht und Du nicht abgelenkt bist, schalte ich die äußeren Stimmen jetzt aus."

Unsere Haut ist unsere Begrenzung zum Äußeren. Gleichzeitig ist sie das Organ, mit dem wir mit anderen in Kontakt treten. Es geht also um Abgrenzung, Kontaktfähigkeit und Zurückhaltung. Die Haut ist der äußere Ausdruck unseres Inneren. Ein Hautausschlag könnte uns sagen, dass etwas, das wir zurückhalten, nach außen will. Was juckt mich? Was stört mich? Vielleicht wollten Sie schon lange ein schwieriges Thema ansprechen? Vielleicht geht Ihnen ein Verhalten gegen den Strich und Sie wollen eigentlich Kontra geben, schweigen aber stattdessen. Herzsymptome zwingen uns, auf den Herzschlag zu hören. Gebe ich meinen Gefühlen genügend Raum? Fühle ich den natürlichen Pulsschlag des Lebens oder bin ich vollkommen fremdbestimmt, durchgetaktet?

In der Veränderung ist alles im Fluss. Wenn wir aufhören, uns zu wandeln, manifestieren sich Symptome, die unseren Fluss beengen oder blockieren. Innere Beweglichkeit setzt äußere Beweglichkeit voraus und umgekehrt.

Rückenprobleme bekommt häufig, wer sich auch im übertragenen Sinne zu viel auf seine Schultern lädt. Schlafstörungen fragen Sie: „Wovon kann ich nicht loslassen?" Im gesunden Schlaf lassen wir alles los und regenerieren.

Falls Sie gerade das ein oder andere Aha-Erlebnis hatten, gehen Sie gerne ins Trainingscamp zum Interview mit Symptomen.

Wenn Sie Ihre Symptome umfassender als auf rein körperlicher Ebene betrachten wollen, helfen Ihnen die folgenden drei Fragen.

> 1. Gibt es korrelierende Ereignisse?
> 2. Gibt es eine psychische Entsprechung?
> 3. Woran hindert oder wozu zwingt mich mein Symptom?

Innere Konflikte – Delegieren geht nicht!

Wenn wir Wendepunkte ignorieren oder wenn wir nicht bewusst wahrnehmen, dass uns unser aktueller Weg schadet, liegt das oft an Konflikten, denen wir aus dem Weg gehen. Unbearbeitete Konflikte ziehen in der Regel körperliche Symptome nach sich. Vor funktionalen Störungen in Form von Symptomen erhalten wir Hinweise auf psychischer Ebene. Je mehr wir unseren Gedanken, Wünschen und Fantasien Raum geben, desto mehr leben wir im Einklang mit uns selbst. Das kann unorthodox sein und damit gesellschaftlich weniger akzeptiert. Oft folgen wir lieber strikt und unreflektiert Vorstellungen und Normen und misstrauen unseren inneren Impulsen. Wir gehen so dem Konflikt aus dem Weg und brauchen nichts infrage zu stellen. Allerdings versperren wir uns damit gleichzeitig der Entwicklung. Wir entledigen uns der Verantwortung, neue Prioritäten zu setzen. In diesem Fall wird sich unser Körper früher oder später melden.

Die Aufforderung unseres Körpers, einem Konflikt ins Auge zu sehen, hat verschiedene Eskalationsstufen. Nehmen wir diese nicht an, steigert sich die Intensität der Aufforderung. Die Symptome werden stärker oder häufiger. Stellen wir dagegen gewohnte Sichtweisen infrage, integrieren wir bisher Verdrängtes. Das ist heilsam auf allen Ebenen.

Wenn ein Weg mit Krankheit einhergeht, sind Sie auf diesem Weg vielleicht nicht mit sich im Reinen. Symptome weisen immer auf eine Unausgeglichenheit hin. Vielleicht ändern Sie den Weg oder sie ändern die

Art, wie Sie diesen Weg beschreiben. Tun Sie, was immer im Einklang mit Ihnen selbst steht. Eine Entzündung zum Beispiel können Sie auch als stofflich gewordenen Konflikt interpretieren. Wie bereit ist Ihr Körper, Erreger reinzulassen?

Wenn das Bewusstsein sich vor Konflikten verschließt, die Sie erregen könnten, öffnen Sie stattdessen vielleicht stellvertretend Ihren Körper für Erreger. Diese setzen sich an individuellen Schwachstellen fest. Verzichten Sie dagegen auf Abwehr im Bewusstsein, unterstützt das Ihre körperliche Immunität.

Sie werden Konflikten nicht entgehen. Sie können nur die Ebene der Auseinandersetzung wählen. Angst vor Entscheidungen kann lähmen. Wenn wir immer Kompromisse suchen oder die Initiative aufschieben, um einer eindeutigen Entscheidung zu entgehen, haben wir einen inneren Dauerkonflikt. Das entspricht analog einer chronischen Krankheit. Entscheidung kostet Opfer. Wir können nur das eine oder das andere tun. Diese Erkenntnis geht einher mit Verlustängsten. Wenn man so in der Mitte eines Konflikts erstarrt, zieht das permanent Energie ab. Oft zeigt sich das auch in Müdigkeit oder Antriebslosigkeit.

Vielleicht kennen Sie solche Symptome und die Erleichterung nach der Entscheidung. Jede Entscheidung befreit. Sie setzt die im Konflikt gebundene Energie frei. Wenn wir einen Konflikt negieren, riskieren wir, dass dieser sich auf körperlicher Ebene Aufmerksamkeit verschafft: „Welchen Konflikt sehe ich nicht? Welchem weiche ich aus? Welchen gestehe ich mir nicht ein?"

Belastende pausenlose Gedanken können mit Kopfschmerzen einhergehen. Oft steht so ein Gedanken-Ping-Pong für Konfliktvermeidung: „Versuche ich, durch Denken Handeln zu ersetzen?"

Betrachten Sie Ihren Körper als Verbündeten auf der Suche nach dem optimalen Weg. Wenn er sich meldet, hören Sie ihm zu. Vielleicht verändert das Ihre Sicht. Vielleicht lernen Sie Neues über sich selbst. Das Symptom weist Sie darauf hin, etwas bewusst in Ihre Identifikation hineinzunehmen. Es gehört zu Ihnen. Der Weg zum Ziel heißt in diesem Fall: größere Bewusstheit aller Beteiligten.

> **Reisenotiz Körper und Seele**
> Ich nehme die Hinweise meines Körpers ernst und hinterfrage auch deren übergeordnete Bedeutung. Er ist mein Verbündeter.

Wendepunktklassiker

Ein Blick ins Leben

Wendepunkte begegnen uns in allen Kontexten, beruflich wie privat. Die folgenden Wendepunkte finden im Leben vieler Menschen statt. Einige dieser Wendepunkte passieren erwartungsgemäß. Andere passieren unerwartet oder ungewollt. In jedem Fall sind alle folgenschwer. Aus diesem Grund betrachten wir sie jetzt etwas näher. Vielleicht steht Ihnen der ein oder andere Wendepunktklassiker noch bevor, oder Sie sind mittendrin. Sie haben ihn bereits hinter sich gelassen? Dann ist dies eine gute Gelegenheit für Sie, den Verlauf noch einmal rückwirkend zu reflektieren.

Selbst wenn nur einer dieser Wendepunkte Sie betrifft, werden Sie beim Lesen feststellen, dass alle miteinander zusammenhängen. Es finden sich immer wieder die gleichen Muster und Prinzipien, die uns durch diese Zeiten leiten. Vergangenheit, Gegenwart, Zukunft – ich, mein Umfeld, die Gesellschaft: Alles spielt in jedem Kontext eine Rolle. Bedürfnisse, Erfahrungen, Erwartungen: Alles begleitet unsere Reise und entscheidet mit über ihren Verlauf.

> *„Entscheidend für die Gesundheit der Familie und das Wohlergehen der einzelnen Mitglieder ist die Qualität der Beziehungen."*
> *Jesper Juul, dänischer Familientherapeut*

Kinder – ein Dauerwendepunkt

Die Beziehung zwischen Eltern und Kind prägt die Familie und nicht nur das. Unsere Kindheit prägt auch unsere späteren Beziehungen – die zu anderen und zu uns selbst.

Sie haben Kinder? Sie wollen Kinder? Nein? Egal, dieses Kapitel betrifft Sie dennoch. Denn Sie waren mal eins. Vielleicht erinnern Sie sich an die eine oder andere Begebenheit aus Ihrer Jugend. Sie werden erkennen, wie einige Sie bis heute beeinflussen. Unterstützend hierzu können Sie im Trainingscamp die Übung Zeitreise – auf den Spuren meiner Vergangenheit machen.

Wenn Sie Kinder bekommen, lernen Sie Wendepunkte lieben. Sie haben sich einen Wendepunkt ins Haus geholt, für viele Jahre. Nichts verändert sich so schnell wie ein wachsendes Kind, und damit einhergehend seine Bedürfnisse und Ihre Verantwortung. Nichts verändert sich so schnell wie die Anforderungen an die Beziehung zu Ihrem Kind.

Was für eine Verantwortung, aus diesem schreienden kleinen Baby eine Persönlichkeit zu formen! Sie irren sich. Lehnen Sie sich entspannt zurück. Ihr Modell ist bereits fertig bei Auslieferung. Sie arbeiten nicht als Bildhauer und erschaffen Neues aus einem unbehauenen Stein. Eltern brauchen nur dafür sorgen, dass sich die Persönlichkeit ihres Kindes bestmöglich entfalten kann. Sie können das mit gärtnern vergleichen. Ein Efeu ist ein Efeu und ein Gänseblümchen ist ein Gänseblümchen. Eltern brauchen die kleinen Pflänzchen nur pflegen. Zerbrechen Sie sich bitte nicht den Kopf, warum Ihr Efeu keine Blüten hat. Sie sind schon alle perfekt, so wie sie sind. Der Kinderwendepunkt fordert uns auf: Lerne Dein Kind kennen, damit Du weißt, wie Du es bestmöglich unterstützen kannst. Es wird leider keine individuelle Gebrauchsanweisung mitgeliefert. Alle Exemplare sind Unikate. Mit allgemeinen Pflegehinweisen beschäftigen wir uns gleich. Die speziellen Eigenarten Ihres Pflänzchens lernen Sie selbst kennen.

Auf dem Kinderweg reiht sich Wendepunkt an Wendepunkt. Kaum denken Sie: „Ok, ich weiß, was erwartet wird", ist da eine scharfe Abzweigung und alles sieht anders aus. Sie können Ihr Gepäck austauschen, weil Sie nach der Biegung etwas ganz anderes auf dem Weg brauchen, als davor. Sie sind auf Zickzack-Kurs. Die Konstante auf dem Weg zum Erwachsenwerden ist die Beziehung zwischen Eltern und Kind. Mit einer vertrauensvollen stabilen Beziehung geht es sich wunderbar – auch im Zickzack. Paradoxerweise fordert diese Stabilität von Ihnen permanente Veränderung.

Sehen wir uns den Weg von oben an und schauen auf typische Richtungswechsel in der kindlichen Entwicklung, modellunabhängig. Der Dauerwendepunkt Kinder will immer dasselbe: festhalten, loslassen. Kann mein Kind an dieser Kreuzung selbst entscheiden? Verantwortung delegieren, Fehler ermöglichen, Stolz sein ermöglichen! Regelmäßig werden wir hier übrigens mit unseren eigenen Schwachpunkten konfrontiert. Das ist eine sehr lehrreiche Führungsaufgabe.

Gerne vergessen Mama oder Papa, dass der Weg des Kindes und der eigene zwei Wege sind. Ist das jetzt wichtig für mein Kind oder eher für mich? Die Frage kann man sich ruhig regelmäßig stellen. Das hilft ungemein beim Unterscheiden zwischen eigenen Bedürfnissen und denen der Kinder. Also, rechtzeitig loszulassen am Wendepunkt, in diesem Fall die Hand des Kindes, wenn es bereit dazu ist. Das geht schon mit den kleinen Wegen los: „Papa, ich will allein zur Schule gehen." „Traue ich ihm das wirklich zu? Was wenn er gleich vom nächsten Bus überfahren wird?"

Das ist ein Wendepunkt für das Kind und für die Eltern. Freiheit.

Hier geht es nicht nur um das Führen von Kindern, es geht auch um die eigene Führung. Der Kinderwendepunkt rät: Wachst an euren Kindern.

Seid offen dafür. Kinder lehren Eltern Verantwortung zu übernehmen und diese wieder loszulassen. Die Bedürfnisse der Kinder ändern sich ständig und konfrontieren Eltern dadurch mit ihren eigenen. „Deine Kinder sind auch dein Spiegel!", das sagte mir mal eine Freundin. Stimmt. Egal, in welcher Verfassung ich war, worüber ich mich gerade geärgert oder gefreut hatte, ich konnte meinen Kindern nichts vormachen. Sie reagierten immer unmittelbar auf meinen jeweiligen Zustand. Ein ehrlicheres Feedback werden Sie selten bekommen. "Ich war gestresst – meine Tochter fing bei Dingen an zu weinen, die sie sonst nicht tangierten. Ich machte mir große Sorgen – mein Sohn wurde plötzlich übervorsichtig." Ihre Kinder sind von klein auf eigenständige Persönlichkeiten, die so angenommen werden wollen, wie sie sind. „Kennenlernen, vertrauensvolle Beziehung aufbauen, lieben!", würde vermutlich auf dem Beipackzettel stehen, wenn es einen gäbe. Je besser die Beziehung, desto besser sind Eltern und Kinder gerüstet für alles, was kommt. An diesem Wendepunkt wartet Dynamik.

Loslassen – Die Aufgabe der ersten Hälfte

Babys sind vollkommen von den Eltern abhängig. Die im Gegenzug sind völlig fremdbestimmt. Bye bye, Freiheit. Loslassen. Wendepunkt! Eltern opfern Bedürfnisse, damit das Kind Liebe und Verlässlichkeit lernt. Meistens machen sie es sogar gerne. Für eine Weile sind Eltern für ihre Kinder der Mittelpunkt der Welt. Anstrengend, aber auch schön für Herz und Ego.

Spätestens das Laufenlernen bringt Selbstbestimmung. Ein kleiner Schritt in die Freiheit, gerne auch von Mama und Papa weg. Sie laufen plötzlich weg oder fangen an, gefährliche Sachen zu machen. Wendepunkt! Jetzt ist Kontrolle angesagt sowie unnötige Ängste loslassen. Freiraum schaffen mit kalkulierbarem Risiko. Kinder erfahren Sicherheit, analog zu dem, was Eltern ihnen zutrauen. Schrammen und Stürze sind erwünscht. Sicherheit aus Erfahrung. „Eine Schramme bringt keinen um. Nach Stürzen kann ich selber wieder aufstehen."

Je mehr sie können, desto mehr wollen sie auch alleine machen und ausprobieren. Risiko!

Eltern können an diesem Wendepunkt lernen, dass Sicherheit ambivalent ist. Immer auf Nummer sicher gehen, dass den Kleinen nicht das Geringste passiert, kreiert bei Eltern Sicherheit, bei Kindern dagegen Unsicherheit in Form von Angst, Dinge auszuprobieren. Die Ängste der Eltern spiegeln sich im Kind.

Beim Spielen im Garten rutschte Luka aus und holte sich eine Schramme am Knie. Gleich darauf sah er eine Schnecke und war abgelenkt. Dann kam seine Mutter aus dem Haus: „Was ist passiert? Hast Du Dir wehgetan? Du sollst doch aufpassen und vorsichtig laufen!" Sie nahm ihn umgehend auf den Arm und checkte seine Verletzung. „Mami passt jetzt wieder auf Dich auf." In dem Moment heulte Luka los.

Kennen Sie den Begriff Helikoptereltern? So nennt man extrem fürsorgliche Eltern, die sich ständig in der Nähe ihrer Kinder aufhalten, um diese zu beschützen und zu überwachen. Eine der Energien, die Helikoptereltern antreibt, ist die Angst, loszulassen.

Mit der Trotzphase kommt ein neuer Wendepunkt auf die Eltern zu. „Nö, will ich nicht, mache ich nicht, wieso? Max darf das auch…" Je lauter der Protest, desto bedrohter fühlt sich unser elterliches Ego. Wir müssen uns auf einmal durchsetzen, um zu erreichen, was wir wollen. Der Wendepunkt rät: „Verzichte auf Harmonie. Jetzt gibt es Stress!!" Die Aufgabe ist der Balanceakt zwischen Raum für Identität geben und Sicherheit durch klare Regeln und Konsequenzen schaffen.

„Nein, wir kaufen diesen Schokoriegel an der Kasse nicht. Du hattest schon viel Zucker heute. Das ist ungesund für dich." Emma fängt an zu heulen. Sie wirft sich vor den Einkaufswagen. „Ich will Schokolade, jetzt, Mama!!!"Die Leute an der Kasse gucken genervt. Anne überlegt – nur ein Riegel und es wäre Ruhe. Zwei Minuten hält sie den Kampf an er Kasse aus, dann wandert die Schokolade in den Einkaufswagen…

„Ok, du darfst noch einmal schaukeln, aber dann müssen wir los." Auf dem Spielplatz wartet die nächste Herausforderung. „Mama, wir waren so lange nicht hier. Lass mich doch bitte noch weiter schaukeln." „Na gut." Morgen muss Anne wieder arbeiten. Ist es wirklich so wichtig, ob sie fünf oder zehn Minuten früher zu Hause wären, wenn sie damit ihre Tochter glücklich machen könnte?

Es ist wichtig. Hier geht es weder ums Schaukeln noch um Schokolade. Hier geht es um Vertrauen. Das muss nicht mit Zufriedenheit einhergehen. Verlässlichkeit und Vertrauen entstehen auch, indem angekündigte Sanktionen durchgezogen werden. Die Freude über Schokoriegel und Schaukeln täuscht nicht über mangelnde Orientierung hinweg: "Heißt nein wirklich nein oder heißt es ja? Nach dem wievielten Nein bedeutet es nicht mehr ja? Wann kann ich mich darauf verlassen, dass meine Mutter auch das tut, was sie sagt?"

So lange das nicht geklärt ist, versucht Emma es herauszufinden, gerne schreiend vor dem Einkaufswagen. Auch dieser Wendepunkt rät wieder: Loslassen lernen. In diesem Fall Mitleid oder Scham anderen gegenüber.

„Muss ich ihr wirklich diese Freude verderben?" „Was denken die jetzt, wenn ich das mache?"

Während sie noch um Spielzeit und Schokoriegel kämpfen, ist der nächste Wendepunkt in Sicht. Kinder lernen die Bedeutung von Schuld und damit einhergehend ein gutes oder schlechtes Gewissen. Es entwickelt sich der Selbstwert. Eltern können jetzt maßgeblich mit beeinflussen, ob das Kind mit der Überzeugung „Ich bin ok" oder „Ich bin nicht ok" in die Welt startet. Das geht bereits mit der Formulierung von Kritik los. „Du bist dumm.", „Du bist ungezogen.", „Du bist noch zu klein.", „Du bist schuld" oder aber „Das lernst Du noch.", „Das machst Du nicht nochmal, weil …", „Das wirst du besser können, wenn …", „Du hast das gemacht und deswegen ist jetzt folgendes passiert…"

Wir haben immer die Wahl, Identität oder Handeln zu kritisieren. Wir haben immer die Möglichkeit, Gründe zu erklären. Reflektieren oder unhinterfragt schlucken? Alles beeinflusst den weiteren Weg.

Übrigens, dieser Wendepunkt stößt uns als Eltern vom Thron der alles entscheidenden Instanz. Hier unten ist es weniger komfortabel. Anordnen reicht nicht mehr. Also, entweder die eigenen Überzeugungen und Strategien hinterfragen oder sie mit allen Mitteln verteidigen. Die Kinder beginnen zu erkennen: „Es gibt Alternativen."

Die Erkenntnis dieses Wendepunkts lautet: Früher waren wir ihre Welt, jetzt kreieren sie ihre eigene. Das Ärgerliche: Ohne Erlaubnis haben wir Eltern nicht mal mehr Zutritt. Ab jetzt geht es um Schnittmengen. Vielleicht sind die manchmal kleiner, als wir sie gerne hätten. Nicht nur Kinder haben Bedürfnisse, Eltern auch. Das kollidiert gelegentlich. Fragen Sie sich: „Warum will ich das so? Kann ich mich auf Alternativen oder Kompromisse einlassen?" Schauen Sie in das Kapitel „Motivation – was uns antreibt und glücklich macht", wenn Sie hier tiefer einsteigen wollen.

Wenn wir eh schon vom Thron gestoßen wurden, können wir uns gleich zum nächsten Wendepunkt kindlicher Entwicklung begeben. Vom Hinterfragen zum Selbst machen-Wollen ist es nicht weit. Dieser Wendepunkt fordert uns auf, zu delegieren. Es ist Zeit, mehr Verantwortung zu übertragen, wie es Jesper Juul schön auf den Punkt bringt:

> *„Wir Erwachsenen sind nicht dafür verantwortlich, dass unsere Kinder keine Fehler machen. Aber wir sind dafür verantwortlich, ihnen Fehler zu ermöglichen, weil sie sonst nichts lernen können.*
>
> *Besorgnis ist Gift für das Selbstvertrauen des Kindes. Sie ist eine Misstrauenserklärung."*
>
> *Jesper Juul.*

Noch mehr loslassen – Die Aufgabe der zweiten Hälfte

Verantwortung lernen heißt, Kontrolle abzugeben (Tab. 1). Die Aufgabe am Wendepunkt heißt: Loslassen von Kontrolle: „Es läuft grad so gut mit mir am Ruder. Offen gesagt, es macht auch richtig Spaß. Jetzt soll ich das Ding einfach an die Kleine abgeben?" Manchmal ist es schwierig, wenn man gerne selbst das Ruder in der Hand haben will. Es ist dennoch sinnvoll, den Blick vom Nutzen des Augenblicks auf die Ausrüstung für den weiteren Weg zu richten. Manchmal ist eigenverantwortliches Scheitern ein guter Preis für eine innerlich gefestigte Persönlichkeit.

Ist das für Sie eine große Herausforderung? Besuchen Sie gerne im Trainingscamp den Kurs: Jetzt und später – Entscheidungskonsequenzen, um sich der zeitlichen Konsequenzen Ihres Handelns besser bewusst zu werden.

Ich habe vor einiger Zeit ein schönes Beispiel von Verantwortungsdelegation erlebt.

Vierzehnjährigen Schülern wurde die Neuaufteilung der Klassen ihres Jahrgangs überlassen – unter Berücksichtigung aller organisatorischen und persönlichen Interessen. Natürlich gab es anfänglich Konflikte. Am Ende erfolgte die eine oder andere Nachbesserung, ansonsten ging das Konzept auf. Mit drei Erkenntnissen aus Schülersicht:

Tab. 1 Kindliche Entwicklungsstadien

Identität	Erikson Entwicklungsstadien	Maslow Bedürfnisse	Alter
physisch	Vertrauen vs. Misstrauen	physiologisch	Mutterleib bis 12 Monate
emotional	Trennung vs. Festhalten	Sicherheit	6 Monate bis 2 Jahre
Ego	Autonomie vs. Scham/Zweifel	Zugehörigkeit	18 Monate bis 4 Jahre
sozial	Initiative vs. Schuld	Selbstwert	3 bis 7 Jahre
kreativ	Werksinn vs. Minderwertigkeit	Selbstverwirklichung	7 bis 12 Jahre
archetypisch	Identität vs. Rollenkonfusion	Erhabenheit	Adoleszenz

1. *„Mir wird zu Recht vertraut."*
2. *„Konflikte gehören dazu."*
3. *„Demokratie verstehen ist leichter als Demokratie umzusetzen, aber es klappt."*

Denken Sie noch darüber nach, was Sie Ihren Kindern zutrauen? Sie verabschieden sich spätestens ab dem zwölften Lebensjahr sowieso von Ihrer Rolle als Erzieher. Um die weitere Akzeptanz der elterlichen Meinung zu sichern, können Sie sich schon mal als Sparringpartner aufwärmen. Vorschläge statt Ratschläge, Fragen statt Antworten und kein „ich an Deiner Stelle…" pflegen die Beziehung auf Augenhöhe. Das hat übrigens nichts mit Nachgeben zu tun.

Willkommen am Wendepunkt: Selbstwirksamkeit. Überzeugen ist out – eigene Überzeugungen sind in. Elterliche Kompetenz ist jetzt zweitrangig. Auch wenn Eltern das blöde finden. Es geht jetzt nicht darum, ob Eltern die bessere Lösung haben. Es geht um die Erkenntnis: „Ich kann das selbst lösen. Ich kann alleine meinen Weg finden." Wenn Eltern ständig vermitteln: „Wir könnten das aber besser als Du", hat das langfristige Konsequenzen – entweder für das Selbstbewusstsein der Kinder oder die Beziehung zu ihnen.

Apropos mein Weg … Wer bedauert, Wege verpasst haben, tendiert möglicherweise dazu, sein Kind als Stellvertreter auf diesen Weg zu schicken. Das ist keine gute Idee.

Petra hatte immer davon geträumt, in einer Eliteuniversität im Ausland medizinische Forschung zu betreiben. Die Familiengründung kam ihr dazwischen. Ihr Sohn Niklas zeigte ähnliche Begabungen wie sie und so setzten die Eltern alles in Bewegung, um ihm diese Möglichkeit zu bieten. Leider widersprach die Forschungstätigkeit seinen Bedürfnissen. Er brach den Aufenthalt nach kurzer Zeit ab. Ab diesem Zeitpunkt begannen die Eltern sich mit den Neigungen und Interessen von Niklas zu beschäftigen.

Auch wenn Kinder vom üblichen Weg abweichen möchten, oder vom elterlichen Lieblingsweg, ist es ihr Weg (Abb. 1).

Meine Tochter ist kein Fan von Schule. Ich habe keine Ahnung, was Sie später machen wird. Sie könnte nach der Schule Influencerin werden, oder ein Tatoostudio eröffnen und selbst designte Handletterings auf die Haut bringen.

Vielleicht haben Sie innerlich gerade aufgeschrien: „Also, wenn mein Kind ein Tatoostudio… oder Influencer…!" Lächeln Sie sich freundlich zu. Sie stehen jetzt vor der letzten Herausforderung dieses Wendepunkts: „Liebe Eltern, lasst uns frei." Ihre Kinder führen ihr Leben nicht IHR Leben, es ist folglich unnötig, sich Gedanken zu machen, was aus Ihrer Sicht jetzt besser oder passender wäre.

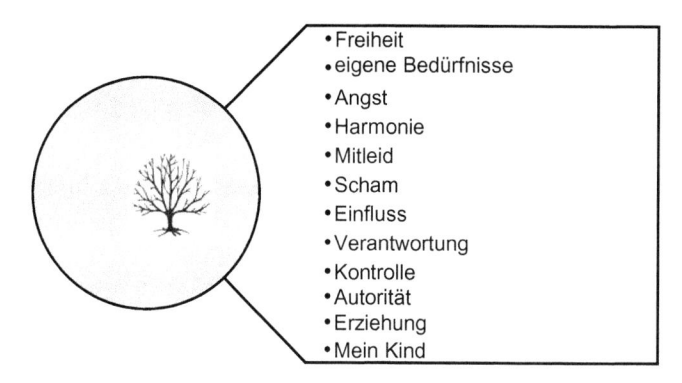

- Freiheit
- eigene Bedürfnisse
- Angst
- Harmonie
- Mitleid
- Scham
- Einfluss
- Verantwortung
- Kontrolle
- Autorität
- Erziehung
- Mein Kind

Abb. 1 Loslassen in der Elternzeit

Junge

> *Junge, brich Deiner Mutter nicht das Herz. Es ist noch nicht zu spät, Dich an der Uni einzuschreiben…*
> *Und wie Du wieder aussiehst und immer dieser Lärm,*
> *elektrische Gitarren und immer diese Texte, das will doch keiner hören…*
> *Was sollen die Nachbarn sagen? Wo soll das alles enden?*
> *Wir machen uns doch Sorgen.*
> *(Song von den Ärzten)*

Reisenotiz Kinder

Mein Kind ist wie es ist. Ich gebe ihm, was es braucht und lasse zuversichtlich los, was es selbst übernehmen kann.

Mit sechsundsechzig Jahren

> *Mit sechsundsechzig Jahren, da fängt das Leben an.*
> *Mit sechsundsechzig Jahren, da hat man Spaß daran.*
> *Mit sechsundsechzig Jahren, da kommt man erst in Schuss.*
> *Mit sechsundsechzig ist noch lange nicht Schluss.*
> *(Lied von Udo Jürgens)*

Ruhestand – der unterschätzte Wendepunkt

Schon Udo Jürgens hat die Vorfreude auf die Freiheiten im Ruhestand besungen. Es gibt Wendepunkte, an denen wir nicht damit rechnen, dass diese uns Probleme bereiten könnten. Wir freuen uns und übersehen, dass wir auch Dinge verändern müssen, damit wir wirklich genießen können, was auf uns zukommt. Um es gleich vorab zu sagen:

Die meisten gehen unvorbereitet in den Ruhestand. Viele freuen sich auf diese Zeit, gute Gesundheit und finanzielle Sicherheit vorausgesetzt. Wofür also Vorkehrungen treffen? Andere freuen sich nicht und zögern ihn so lange wie möglich hinaus. Sei es, weil sie ihren Job über alles lieben, sei es, weil er sie erfolgreich von anderen Dingen abgelenkt, die sie nicht mögen.

Für zwei Wochen Urlaub während unseres Berufslebens betreiben wir meist mehr Planungsaufwand als für die nächsten dreißig Jahre danach. Die Vorbereitung beschränkt sich in der Regel auf die finanzielle Absicherung im Rentenalter. Das drohende finanzielle Defizit wird mit Blick auf unsere Bevölkerungspyramide in der Tat für viele ein immer relevanter werdender Aspekt.

Wir beschäftigen uns an dieser Stelle allerdings nicht weiter mit Finanzen, sondern mit einer Gefahr, die viele nicht vorhersehen: dem psychischen Risiko.

Die meisten malen sich ihren letzten Arbeitstag aus, ohne die geringste Vorstellung, was diesem folgen wird. Die Ernüchterung stellt sich oft im Laufe des ersten Jahres als Rentner ein. Wen dieser Wendepunkt unvorbereitet trifft, der kann schnell aus dem Gleichgewicht geraten. In puncto psychischer Gesundheit, ist das Jahr nach Rentenbeginn eines der Gefährlichsten.

Wer aus einem erfüllten Berufsleben in den Ruhestand geht und sich nicht darüber im Klaren ist, was der Beruf ihm gegeben hat, kann in Schwierigkeiten geraten. Auch das Gute wird zukünftig wegfallen.

Ich habe oft Führungskräfte im Coaching, die sich sehr auf ihren Ruhestand gefreut hatten. Endlich reisen, Zeit für Hobbies, Freunde, nicht mehr diese Fremdbestimmung, keine permanente Bereitschaft. Wenn es soweit ist, stellen sie nach der ersten Euphorie fest, dass sie unglücklich sind. Sie machen sich auf die Suche, woran das liegen könnte.

Die amerikanischen Autoren Alan Spector und Keith Lawrence bezeichnen diesen Verlauf als Entwicklungsstufen im Ruhestand: Von der Erwartung in den Honeymoon dann zur Ernüchterung ins Wachstum. Dieser Wendepunkt fordert Sie auf, sich und Ihr Leben zu betrachten.

Er lädt Sie ein, den Sinn Ihres bisherigen Lebens zu erkennen. So lernen Sie, wie Sie auch in Zukunft glücklich sein können.

Endlich Zeit! – Unendlich Zeit!

Wir freuen uns auf das Ende des Arbeitslebens, weil unsere Erwartungen auf das fokussieren, wofür wir bisher zu wenig Zeit hatten. Zeit ist der große Gewinn im Ruhestand: Zeit für schöne Dinge, Zeit für Freunde, Zeit für mich selbst, Zeit für Familie. Ich kann mir für die Dinge mehr Zeit lassen und frei über meine Zeit verfügen.

Oft verschätzt man sich allerdings in der Menge des Rohmaterials, das einem da plötzlich unbearbeitet zur Verfügung steht. Was, wenn nach Erledigung all der schönen Dinge, die man sich für seinen neuen Alltag vorgenommen hat, noch so viel Zeit übrigbleibt? Haben wir uns geirrt? War uns nicht bewusst, wie groß das Zeitkontingent ist, das der ehemalige Job uns zurücklässt? Was, wenn Sie morgens nicht Ihren prallgefüllten Terminkalender abarbeiten, sondern zunächst das leere Blatt selbst füllen müssen?

Die jobbedingt vorgegebene Tagesstruktur liefert uns Sicherheit und Orientierung. In der Regel merkt man das erst, wenn diese wegfällt. Wenn Sie von heute auf morgen endlos freie Zeit zur Verfügung haben, kann das auch eine Belastung darstellen. Nicht jeder sieht das als Geschenk. Sie stehen zunächst vor der Aufgabe, der Rohzeit einen Sinn zu geben. Das hier ist kein Job mehr, der uns To-dos vorgibt. Die Energie, mit der man sich auf die endlich vorhandene freie Zeit stürzt, kann schnell in Lethargie wechseln, wenn man in ein bodenloses Zeitloch fällt. Wir können dieses Loch mittels Eigeninitiative verlassen, indem wir es für unsere Zwecke nutzen.

Stellen Sie sich vor, Sie bekommen eine riesige Kiste mit bunten Stiften und einen großen Stapel Papier. Das ist kein Ausmalbuch, vor das Sie sich setzen und einfach starten, bis Sie fertig sind. Sie brauchen Antrieb, Ideen, ein Konzept und einen Plan. Solange Sie das nicht haben, werden Sie von der schönen Ausstattung nicht profitieren können. Ich kenne vor Kurzem noch vielbeschäftigte gestresste Manager, die den Ruhestand herbeisehnen. Sie schafften es nach wenigen Monaten Ruhestand nicht mehr, vor zwölf aufzustehen. Es fehlte ihnen schlicht der Plan.

Sinn los! – Aus der Rolle gefallen

Sie brauchen einen Plan, aber für welches Projekt? Dieses Projekt heißt „Mein Leben" (Abb. 2). Wenn Sie sich die untenstehende Grafik anschauen,

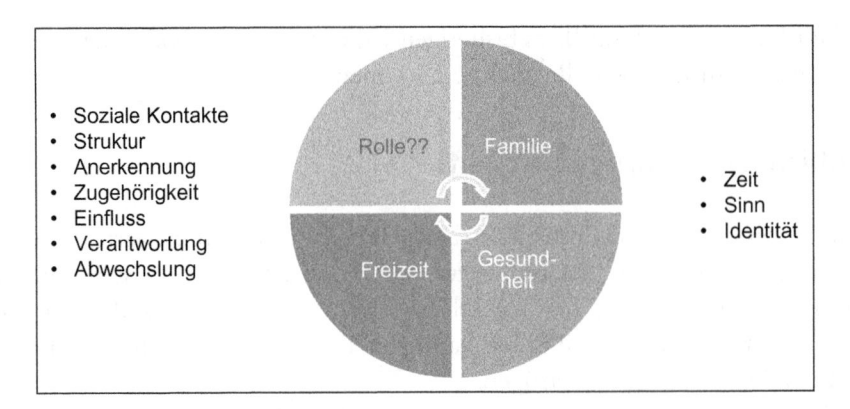

- Soziale Kontakte
- Struktur
- Anerkennung
- Zugehörigkeit
- Einfluss
- Verantwortung
- Abwechslung

Rolle?? Familie

Freizeit Gesundheit

- Zeit
- Sinn
- Identität

Abb. 2 Mein Leben

werden Sie sich vermutlich jetzt schon erste Gedanken über dieses Projekt machen.

Stellen Sie sich Ihr Leben in verschiedenen Bereichen vor. Sie können das auch anders aufteilen, als in meiner Grafik. Diese dient uns lediglich als Beispiel. Die durchschnittliche Wochenarbeitszeit aller Deutschen betrug 2019 34,8 h. Arbeiten Sie Vollzeit, wird es noch wesentlich mehr sein. 1890 h im Jahr arbeiten wir mit bestimmten Menschen zu einem bestimmten Zweck zusammen. Wir üben in einer festgelegten Struktur in einer definierten Rolle eine zielgerichtete Tätigkeit aus. Wir wissen, was im Rahmen dieser Rolle von uns erwartet wird und wir sind uns über unseren Nutzen in dieser Funktion bewusst.

> *Je größer der Raum ist, den unsere berufliche Tätigkeit in unserem Leben einnimmt, zeitlich wie identitätsstiftend, desto folgenschwerer ist es, wenn diese Rolle für uns wegfällt.*

Den Satz „Mein Beruf ist mein Leben" habe ich von vielen Menschen gehört. Nur wenige dieser Menschen haben sich die Frage gestellt: „Was bedeutet es für mich, wenn mein Job endet?" Der Wendepunkt Ruhestand wird gerne unterschätzt.

Das Thema freie Zeit haben wir bereits angesprochen. Jetzt geht es um Inhalte. Bevor ich meine Zeit neu fülle, steht die Frage: Womit? Freuen Sie sich darüber, was Sie zusammen mit Ihrem Job endlich los sein werden. Richten Sie Ihren Fokus aber auf die Dinge, die Sie vermissen werden. Das sagt ihnen, womit Sie Ihre Zeit füllen sollten. Selbst Menschen, die in ihrem Job unglücklich waren, finden den einen oder anderen Punkt ihres Berufslebens, der ihnen guttut. Was sind Ihre Bedürfnisse? Was ist Ihnen wichtig? Den Weg zu Ihrer persönlichen Antwort finden Sie im Kapitel: Motivation – was uns antreibt und glücklich macht. Jetzt schauen wir uns einige Beispiele an, damit Sie eine konkrete Vorstellung davon erhalten, worum es geht.

Mit dem Ruhestand trennen Sie sich von der Rolle, die Sie in Ihrem Job hatten. Sie trennen sich ebenfalls von der Rolle, die dieser Job in Ihrem Leben gespielt hat. Das kann sowohl heilsam als auch zerstörerisch sein. In jedem Fall hinterlässt es eine Lücke.

Stefan hatte seine Firma nach langem Zögern verkauft. Geldsorgen würden kein Thema sein. Seine Frau Tina freute sich auf die gemeinsame Zeit, die in den letzten Jahren aufgrund des Jobs zu kurz gekommen war. Nach einigen Monaten stellte sie allerdings fest, dass Stefan sich veränderte. Tina hatte das Gefühl, er bevormundete sie. Er wollte allein über den Urlaub entscheiden. Er mischte sich plötzlich in die Angelegenheiten der bereits ausgezogenen Kinder ein. Selbst die Einkaufsliste riss er ihr aus der Hand, wenn sie zusammen im Supermarkt waren. Als er eines Abends vorschlug, mit welcher Freundin sie sich mal wieder treffen sollte, platze Tina der Kragen: „Was ist los mit dir? Hast Du kein eigenes Leben?"

Tina hatte den Nagel auf den Kopf getroffen. Stefan hatte seins verkauft, zumindest die Bedürfnisbefriedigung, die mit seiner Firma einhergegangen war. Stefan liebte es, Entscheidungen zu treffen, Verantwortung zu übernehmen, Dinge zu gestalten. Er hatte sich vom Spielfeld der hierzu passenden Aktionen getrennt und war mal eben in das seiner Familie eingefallen.

Wenn in einer Partnerschaft ein Partner in Ruhestand geht, hat das immer Auswirkungen auf die Beziehung. Egal, ob diese positiv oder negativ sind.

Ein Klient von mir war Personalleiter in einem großen Unternehmen, seine Frau hatte eine Arztpraxis. Nach einigen Monaten im Ruhestand empfahl sie ihm, den Jakobsweg zu gehen, um herauszufinden, wie er sein zukünftiges Leben gestalten wollte. Er tat es – mit Erfolg.

Schauen Sie auf die Tortenstücke in der Grafik. Das eine fällt weg, natürlich werden Bedürfnisse jetzt auf die anderen verteilt. Es ist folglich wichtig, den bevorstehenden Ruhestand und dessen Auswirkungen im Vorfeld mit dem Partner zu besprechen. Möglicherweise wollen Sie beide in Zukunft vieles nachholen, wofür die Zeit bisher nicht ausreichte. Sie ordnen Ihre Tortenstücke neu. Vielleicht möchte Ihr Partner keine zusätzliche Zeit mit Ihnen verbringen, vor allem, wenn sich in seiner Zeitaufteilung nichts verändert hat. Vielleicht sind Ihre Verantwortung, Mitsprache oder Beteiligung nicht überall erwünscht, wo Sie sich bisher auch zurückgehalten haben.

Katrin war froh, als sich ihr letzter Tag in der Altenpflege näherte. Die Schichtdienste und die körperliche Belastung hatten ihr in den vergangenen Jahren immer mehr zugesetzt. Schon nach wenigen Wochen zu Hause merkte sie allerdings, wie wenig Zeit der Job für Freundschaften und Vereine gelassen hatte. Sie war einsam. Außerdem fühlte sie sich nutzlos. Erst jetzt merkte sie, wie sehr sie die Dankbarkeit der Menschen, die sie betreut hatte, vermisste und wie wichtig ihr der tägliche Austausch mit den Kollegen gewesen war.

Gefühlte Sinnlosigkeit im Ruhestand hat meist mit unserem alten Job zu tun. Etwas, das uns Sinn gegeben hat, ist weg. Dieser Wendepunkt fordert uns auf, Fazit zu ziehen. Im Alltag zwischen Berufs- und Privatleben ist dafür selten Zeit, und es gibt vielleicht auch keinen Anlass, das zu tun. Wer nimmt sich die Zeit, sich mit philosophischen Fragen zu beschäftigen? Wer geht allabendlich in Dialog mit sich selbst und fragt: Warum warst du heute ärgerlich/glücklich/traurig? Sie könnten übrigens bei der Gelegenheit auch gleich über die Formulierungen: „Ich habe keine Zeit" und „Ich nehme mir keine Zeit" nachdenken. Die verwechseln wir oft.

Achim war Consultant in einer angesehenen lokalen Beratungsfirma. Wenn er privat auf seine berufliche Tätigkeit angesprochen wurde, hörte er immer wieder Reaktionen wie: „Ach, für die arbeitest Du, die sind klasse. Die kennt man ja. Wow, da bist du ja bei den Besten untergekommen." Achim selbst war ebenfalls stolz, dort zu arbeiten. Er ertappte sich immer wieder bei Formulierungen wie: Wir Firma X-ler glauben ... Dennoch freute Achim sich auf den Ruhestand. Er hatte viele Pläne und neue Tätigkeiten auf Ehrenamtsbasis geplant, um weiterhin andere unterstützen zu können. Dennoch verspürte er eine Unsicherheit, fast wie ein Minderwertigkeitskomplex, die er sich nicht erklären konnte.

Was Achim verspürte, war der hohe Grad an Zugehörigkeit zu seinem alten Unternehmen, den er gerade vermisste. Zugehörigkeit gibt Identität, Selbstbewusstsein und Sicherheit. Zugehörigkeit schafft keine Kompetenzen, aber sie stärkt enorm den Rücken. Sie rückt mich aus dem Rampenlicht, weil ich nicht nur allein als ich, sondern als ich von ... agiere. Zugehörigkeit ist wie ein starker Freund, der neben mir steht, und für mich in die Bresche springt, wenn nötig. Geht er weg, bin ich auf mich allein gestellt. Das kann zunächst verunsichern und einsam machen.

Schauen Sie sich genau an, was Sie verlassen und was Sie damit loslassen. Dann können sie entscheiden, was Sie dagegen tauschen möchten.

Der Wendepunkt Ruhestand schafft freien Raum, den es zu füllen gilt. Im Gegensatz zum Wendepunkt Kinder, der ein neues Terrain schafft, das es zu integrieren gilt.

Neue Rolle – neuer Sinn

Sie fragen sich, was Ihre neue Rolle sein könnte? Die ergibt sich mit der Zeit. Nach meiner bisherigen Erfahrung wachsen wir da rein. Sie wissen, was Sie finanziell benötigen. Danach klären Sie, was Ihre Psyche braucht. Manchmal bin ich erst eine Weile auf dem neuen Weg unterwegs, bis ich mich daran gewöhnt und seine Vorzüge und Möglichkeiten schätzen gelernt habe. Lernen Sie Ihre Bedürfnisse und Motive kennen und machen Sie eine Gegenüberstellung. Hier hilft Ihnen die Übung: Die Wasserglasmethode – Bestandsaufnahme meiner Motive im Trainingscamp. Was hatte ich und was habe ich nicht mehr? Was will ich davon zurück? Berücksichtigen Sie dabei auch, wie angenehm Ihnen grundsätzlich Veränderung und Abwechslung sind. Wenn Sie eher zu den stetigen Routinetypen gehören, seien Sie darauf vorbereitet, dass der Wechsel in den Ruhestand für Sie Stress bedeuten kann. Er ist eine tiefgreifende Veränderung, sowohl für Ihren Lebensinhalt als auch für Ihren Lebensrhythmus.

Ihr Projekt heißt „Mein Leben" (Abb. 3). Das Ziel ist, die fehlende Rolle so zu ersetzen, dass Sie damit glücklich werden. Was Sie dafür brauchen, sagen Ihnen Ihre Motive. Brauchen Sie Anerkennung, suchen Sie sich ein

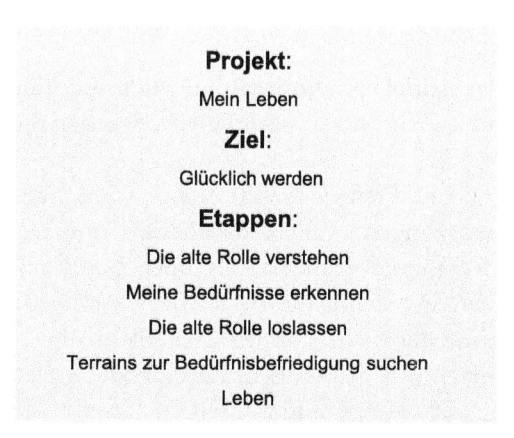

Projekt:
Mein Leben
Ziel:
Glücklich werden
Etappen:
Die alte Rolle verstehen
Meine Bedürfnisse erkennen
Die alte Rolle loslassen
Terrains zur Bedürfnisbefriedigung suchen
Leben

Abb. 3 Projekt Leben

Terrain, wo Sie diese bekommen. Ehrenamt, Sport, Hobby ... Wollen Sie soziale Kontakte, suchen Sie sich Wege, die diese beinhalten. Vereine, Kurse, Gesprächsgruppen, Gruppenreisen. So können Sie jedes Bedürfnis betrachten und Lösungen finden, auch mit Hilfe von Freunden, Familie oder professioneller Unterstützung. Der Sinn wird sich dann ergeben. Sie werden ihn sehen, in dem Moment, in dem Sie nicht mehr danach fragen.

> **Reisenotiz Ruhestand**
> Ich erkenne die Rolle, die der Job für mich in meinem Leben gespielt hat und suche mir für seine wichtigen Funktionen neue Gebiete.

Schulabschluss – der überschätzte Wendepunkt

Berufung ade – von göttlicher Rangfolge und sozialem Status

Ein Beruf war ursprünglich keine spezifische bezahlte Tätigkeit, sondern der Platz jedes Einzelnen in der göttlichen bzw. sozialen Ordnung. Wenn man in den Bauernstand hineingeboren wurde, war der berufliche Werdegang bereits angelegt. War der Vater Handwerker, hatte er die Richtung des Sohnes an diesem Wendepunkt bereits in Stein gemeißelt. Über die Töchter zu dieser Zeit können wir getrost mit dem Kommentar Küche, Kinder, Haushalt hinweggehen. Wussten Sie, dass in Deutschland noch bis 1977 verheiratete Frauen die Erlaubnis ihres Ehemanns brauchten, um ein Dienstverhältnis einzugehen? Was für ein Glück, dass ich heute dieses Buch schreiben darf!

Der Einfluss der sozialen Ordnung auf den beruflichen Werdegang änderte sich erst mit der Industrialisierung. Jetzt wurden die Grenzen durchlässiger.

Zur neugewonnenen Freiheit zählte, dass man seinen Beruf unter bestimmten Voraussetzungen wählen konnte bzw. musste. Das ist zugleich Fluch und Segen. Während früher vieles über Beruf und Tradition vorbestimmt war, haben wir heute die (Qual der) Wahl. Der Preis für diese Freiheit ist Verantwortung. Wir können Gedanken über unsere berufliche Laufbahn nicht einfach mit dem Ausruf "Schicksal!" beiseite wischen. Jeder darf mitbestimmen. Am Wendepunkt Schulabschluss steht keine Herde, der wir schafmäßig auf dem vorbestimmten Weg hinterhertrotten werden.

Gesellschaftlich betrachtet spielt der Beruf heute für die soziale Verortung eine wesentlich geringere Rolle als früher. „Sage mir, was du machst und ich sage Dir, wer du bist." Diese Aussage trifft schon lange nicht mehr zu. Die Statusfunktion allerdings existiert weiterhin, auch wenn die starre soziale Ordnung Vergangenheit ist und heute ein „cooler" lukrativer Job nicht zwingend an einen bestimmten Bildungsweg gebunden ist. Das Internet bietet hier diverse Beispiele. Der Beruf dient immer noch in starkem Maße der sozialen Verortung. Sprich: Unser Job hat nach wie vor Einfluss auf unseren gesellschaftlichen Status und damit auch auf persönlichen Selbstwert und Identität.

Haben Sie darauf geachtet, bei wie vielen privaten Zusammenkünften wir mit Namen und Beruf vorgestellt werden? Sie können jetzt sagen: „Klar, ist doch nett. Dann hat man gleich ein Gesprächsthema." Stimmt, aber man hätte mich auch vorstellen können mit: „Das ist Frau Cordini, die macht Yoga, die spielt Gitarre, sie hat zwei Kinder." Auch darüber könnte man sich wundervoll unterhalten.

Kennen Sie Sätze wie: „Ich habe X kennengelernt, sie ist Ärztin. Der Vater von P war auch da, der hat eine eigene Kanzlei. M hat einen neuen Freund. Sie hat sich einen Professor an der Uni geangelt."?

Es geht bei der Berufswahl nicht nur um die Summe des Geldes, die man dort verdienen kann. Es zählt nicht allein die Sicherheit. Oft geht es auch um das gesellschaftliche Ansehen, das mit einem Beruf verbunden ist. Vor allem aber geht es um die Tätigkeit und die Inhalte und wie gut diese zu unseren Werten, Bedürfnissen und Fähigkeiten passen, hoffentlich jedenfalls. Wir werden eine Menge Zeit mit unserem Job verbringen. Es wäre gut, wenn wir ihn mögen.

Der Wendepunkt Schulabschluss als Start in unser Berufsleben ist durchaus von Bedeutung. Hinter der ersten Berufswahl steht eine wichtige Entscheidung, allerdings immer seltener eine fürs Leben. Gewundene Lebensläufe nehmen zu. Veränderung, auch der beruflichen Ziele, wird heute weniger als Makel denn als Entwicklung betrachtet. Ich kenne Heilpraktiker, die Physik studiert haben, Theologen, die Bankdirektor geworden sind, gelernte Tischler, die als Schauspieler arbeiten und Gasinstallateure, aus denen erfolgreiche Rockmusiker geworden sind. Wenn ich mir die ursprünglichen Berufe vieler Lehrer meiner Kinder ansehe, erlebe ich ein buntes Spektrum, das keineswegs auf den Weg Pädagogik schließen lässt.

Wir können unsere nach der Schule eingeschlagene Richtung ändern. Viele machen das auch. Dennoch nehmen wir die nach Schulabschluss getroffene Wahl besonders wichtig. Warum?

Aus der Schule ins Leben – wer will ich sein? Wo passe ich rein?

Realistisch betrachtet ist der Wendepunkt Schulabschluss ähnlich wichtig wie jeder andere Jobwechsel auch. Die Tatsache, dass wir noch keine Familie haben, die wir versorgen und bei unserer Entscheidung einbeziehen müssen, spricht sogar eher dafür, dass wichtigere Jobwechsel kommen werden als dieser. Außerdem sind wir noch jung. Es spricht wenig dagegen, eine getroffene Entscheidung nochmal zu revidieren. Psychologisch betrachtet sieht das allerdings ganz anders aus. Aus vier Gründen:

Erstens: Der Wendepunkt Schulabschluss fällt in eine Zeit, in der wir unsere eigene psychische Entwicklung noch nicht abgeschlossen haben. Schauen Sie gerne auf die Tabelle im Kapitel Kinder – ein Dauerwendepunkt. In der Adoleszenz-Phase, in der wir uns derzeit aufhalten, sind wir mitten in der Entwicklung unserer Identität. Wir finden erst noch unsere Rolle. Schule, Hobby und Familie waren bis jetzt unsere alleinigen identitätsprägenden Bereiche. Die Berufswahl liegt genau in dieser Phase sozialer Identitätsfindung. Was denken meine Mitmenschen über Berufe? Was denken sie über mich? Wir haben unseren Entwicklungsprozess noch nicht abgeschlossen. Wir treffen, so gesehen, unsere Entscheidung auf einer sehr wackeligen Grundlage. Die Schule ist vorbei, der Job kann uns helfen, unsere erste Rolle zu finden. Er hat somit in diesem Moment eine sehr wichtige Funktion für uns. Je weiter wir den Weg gegangen sind, umso mehr wird sich diese Entscheidung allerdings in unserer Wahrnehmung relativieren.

Zweitens erscheint uns dieser Wendepunkt so schwerwiegend, weil es die erste richtungsweisende Entscheidung ist, die wir in eigener Verantwortung treffen. Aufgewachsen sind wir mit der Erziehung und den Entscheidungen unserer Eltern. In der Schule wurde uns gesagt, was, wann und wie wir lernen sollen. Der Stundenplan stand fest, das Ziel auch. Jetzt fällt alles weg. Wir können selbst entscheiden. Das erste Mal entscheiden wir in eigener Verantwortung mit wirklich relevanten Konsequenzen. Wir wollen frei sein, wir wollen uns beweisen. Wir wollen es jetzt richtig machen. Das sind hohe Ansprüche an diesen Wendepunkt. Natürlich erscheint er uns unfassbar wichtig.

Drittens: Der Wendepunkt Schulabschluss ist schwierig für uns, weil wir noch sehr wenig Wissen und Erfahrung im Umgang mit Wendepunkten haben. Wir haben noch nicht die Gelassenheit, weil wir wenig Erfahrung mit Fehlentscheidungen haben. Dieser Wendepunkt scheint uns so schwerwiegend, weil wir unseren Weg noch nicht lange alleine gegangen sind. Wir haben nicht die geringste Vorstellung, wie viele Kreuzungen es gibt, wie oft wir uns noch umentscheiden können. Wir haben keine Erfahrung, wie folgenschwer diese erste Entscheidung tatsächlich sein wird.

Mein Wendepunkt Schulabschluss und auch andere waren rückwirkend von geringer Bedeutung. Das kann ich heute sagen, aber damals, mit neunzehn?

Ich hatte nach dem Studium viele Bewerbungen geschrieben. Dann hatte ich zwei Jobangebote. Ich konnte mich nicht entscheiden. Das große sichere Unternehmen oder der Mittelständler in der Umbruchphase, Pionierarbeit zunächst für ein Jahr befristet. Ich entschied mich für Sicherheit. Noch vor Abschluss meiner Traineezeit kündigte ich, weil ich merkte, dass ich dort nicht hineinpassen würde. Ich wechselte in ein kleines Unternehmen, wo ich viel Verantwortung und Entwicklung erlebte. Nach vier Jahren kündigte ich, um zu promovieren und mich selbstständig zu machen. Rückwirkend betrachtet, waren das alles hilfreiche Entscheidungen, von denen ich keine bereue.

Viertens und zu guter Letzt möchten viele Eltern an diesem Wendepunkt noch ein Wörtchen mitreden. Wenn zwei Generationen gleichzeitig ihre Hoffnungen, Wünsche und Sehnsüchte auf den Wendepunkt Schulabschluss setzen, gewinnt dieser in der Tat auf fatale Weise an Bedeutung. Wer entscheidet über den Weg? Der, der ihn gehen wird, oder der, der ihn gerne gegangen wäre? Der Schulabgänger sucht noch nach seiner Identität und steht gleichzeitig vor der Frage, ob er seine Rolle oder lieber die auf ihn projizierte übernehmen soll.

Der Wendepunkt Schulabschluss kann schwierig werden, weil die Wünsche und Bedürfnisse der Eltern für unseren weiteren Werdegang möglicherweise mit hineinspielen oder gehört werden wollen. Wenn die Eltern sich nicht zurückhalten, kann das Kind in einen Zwiespalt geraten: „Mache ich meine Eltern glücklich, oder folge ich meinem Instinkt?"

Manchmal sollen Kinder verwirklichen, was einem selbst verwehrt wurde. Oder es soll den Kindern erspart werden, wozu man selbst gezwungen wurde. Auch kann von Kindern erwartet werden, die Tradition fortzuführen. Manche Eltern wollen, dass Ihre Kinder mehr erreichen oder sie wollen verhindern, dass sie unter dem Status ihrer Eltern bleiben. „Wir haben in der Familie alle studiert und du willst Tischler werden? Du hast doch einen guten Schulabschluss." Vielleicht wollen die Eltern auch, dass die Kinder ihr Lebenswerk fortführen.

Joachim war der erste in seiner Familie, der studiert hatte und musste dabei gegen viele Widerstände kämpfen. Nach dem Medizinstudium hatte er mit großem Zeiteinsatz und einigen Rückschlägen seine eigene Praxis aufgebaut, die sehr gut lief. Seine Kinder sollten es besser haben. Er hatte bereits alles für die Übernahme nach dem Studium seiner Tochter geplant. Dann brach sie alles ab. Joachim war am Boden zerstört: „Wie kannst Du diese Zukunft wegwerfen?

Es ist alles abgesichert, die Praxis läuft. Habe ich das alles umsonst aufgebaut? Ich wollte, dass es Dir besser geht als mir!" Seine Tochter befand sich in einem Dilemma. Sie hatte das Studium ihrem Vater zuliebe begonnen. Aber es war einfach nicht ihr Ding. Sie wollte sich in ihrem Leben nicht mit kranken Menschen beschäftigen und sie wollte ihren Vater glücklich machen.

Der Wendepunkt Schulabschluss ist wichtig. Gleichzeitig wird er von uns wichtiger genommen als er ist. Das hängt damit zusammen, dass er in unserer Identitäts- und Rollenfindungsphase auftaucht. Wir tendieren mangels Erfahrung dazu, ihn zu sehr damit in Verbindung zu bringen. Darüber hinaus mal ehrlich: Neuorientierung wird auch innerhalb desselben Unternehmens immer häufiger erfolgen. Mit Globalisierung und Technisierung ändern sich auch Unternehmen ständig und damit die verbundenen Anforderungen. Ich kenne Klienten, die innerhalb eines Unternehmens vom technischen Sachbearbeiter über Vertriebler bis zum Personalleiter die unterschiedlichsten Tätigkeiten ausgeübt haben. All das relativiert die Bedeutung der ersten Entscheidung nach dem Schulabschluss. Sie ist nur die erste von vielen. Die Fragen: "Wer bin ich? Wo passe ich hin?" werden nicht allein durch unseren Job beantwortet – auch wenn es vielen nach der Schule so erscheint. Sie werden auch nicht an einem Tag beantwortet. Manche Dinge passieren einfach mit der Zeit – so oder so. Wer hier dennoch ungeduldig wird, kann sich gerne in Ruhe den Song von Cat Stevens anhören.

Father and son.
It's not time to make a change.
Just relax, take it easy.
You're still young that's your fault.
There's so much You have to know…
(Song von Cat Stevens)

Reisenotiz Schulabschluss

Der Wendepunkt Schulabschluss erscheint uns so wichtig, weil wir an ihn unsere Identitäts- und Rollensuche koppeln.

Auf anderen Wegen.
…Wir müssen atmen, wieder wachsen, bis die alten Schalen platzen, Und wo wir uns selbst begegnen, fallen wir mitten ins Leben. Wir gehen auf anderen Wegen…
(Song von Andreas Bourani)

Private Trennung – der (un)angenehme Wendepunkt?

Lesen Sie bitte weiter, auch wenn Sie aktuell Single oder in einer glücklichen Beziehung sind. Vieles in diesem Kapitel trifft ebenso auf Freundschaften, die Beziehung zum Job und andere Kontexte zu. Dieses Thema wird immer dann relevant, wenn die Beziehung zu uns selbst wegen anderer Beziehungen leidet und wir uns nicht mehr selbst begegnen – wie in dem Song „Auf anderen Wegen".

Unabhängig davon, ob wir uns nach einer Trennung allein, verlassen oder befreit fühlen, diesen Wendepunkt empfinden viele als unangenehm. Eine Kündigung nimmt uns das soziale Umfeld, in dem wir täglich viele Stunden verbracht haben. Mit einer Freundschaft verlieren wir möglicherweise einen verlässlichen Ratgeber, eine sicherere Möglichkeit für gemeinsame Unternehmungen oder auch das Teilen gemeinsamer Erinnerungen. Wenn wir uns von Dingen trennen, hat das meist mit dem Loslassen von Erinnerungen zu tun. Endet eine Liebesbeziehung, spielen Gefühle oft eine besondere Rolle, ebenso die Zeit, die man miteinander verbracht oder zusammengelebt hat. Vielleicht sind auf einer oder auf beiden Seiten noch starke Gefühle vorhanden. Vielleicht kommt die Trennung für eine Seite plötzlich, oder man sieht sich mit Selbstzweifeln oder Schuldgefühlen konfrontiert. Möglicherweise machen wir uns Sorgen um uns oder den anderen. Was macht die Trennungsentscheidung mit der Familie? Wie werden Kinder das verkraften?

Je länger eine Beziehung besteht, desto größer ist auch das gemeinsame soziale Umfeld. Wir trennen nicht nur die Verbindung zu unserem Partner, wir trennen uns auch von unserer Rolle als Paar und wahrscheinlich von damit verbundenen Aktivitäten – allein oder mit gemeinsamen Freunden. Wir trennen uns von Erwartungen und Vorstellungen, die unser Umfeld hatte oder wir selbst. Wir trennen uns von Gewohnheiten, Zugehörigkeit, Sicherheit… Oder wir trennen uns von einer Illusion. Wir verabschieden uns von einer klaren Zukunftsperspektive oder von dem Glauben, den wir daran hatten. Möglicherweise müssen wir uns von unserer Familie trennen und von Freunden. In jedem Fall betrifft und trifft unsere Entscheidung auch andere, Unbeteiligte. Das kann schmerzhaft sein. Dennoch ist es manchmal richtig, weil es uns aus Bindungen befreit, die uns nicht mehr glücklich machen. Trennung macht den Weg frei für einen neuen Anfang.

„*Warum muss das so schwer sein?*" „*Nicht schwer – Es ist schmerzhaft, aber nicht schwer. Dir ist bereits klar, was zu tun ist. Sonst wäre es nicht so schmerzhaft für Dich.*" Miranda Bailey zu David Shepherd bei der Unterschrift seiner Scheidungspapiere.
    Greys Anatomy, Staffel 2, Folge 5 – „Bring den Schmerz"

Manche trennen sich voreilig, manche zögern es hinaus oder tun es nie, selbst wenn sie unglücklich sind. Manchmal merken wir zuerst nicht, was passiert. In jedem Fall prägen uns die Wendepunkte in unseren Beziehungen für unseren weiteren Weg. Die Beispiele, die Sie gleich lesen werden, basieren auf vielen Gesprächen über lange Zeit, in denen mir Freunde aus ihrem Leben erzählt haben und natürlich basieren sie auch auf meinem eigenen.

Denke ich an Trennung, denke ich an…scheitern

Beziehungen enden nicht, sie „scheitern". Jedenfalls ist das die übliche Formulierung. Der Weg endet hier. Der Tag ist zu Ende. Dieser Tanz endet. Keiner fragt in diesem Fall nach Verantwortung. Das Ende kommt erwartungsgemäß. Beim Scheitern ist das anders. Eine Beziehung beginnt in der Regel ohne Verfallsdatum. Sie ist auf ewig angelegt oder bis auf weiteres. Wenn ich scheitere, habe ich mein Ziel nicht erreicht. Ich war erfolglos. Es ist missglückt im wahrsten Sinne des Wortes. Was waren die Fehler? Wer ist verantwortlich? Wer ist schuld? (zu diesem Wort mehr im Kapitel Schuld).

Auf die Frage, warum er es so lange in seiner unglücklichen Beziehung ausgehalten hat, antwortete Mark: „Es war meine fünfte Beziehung. Freunde und Familie hatten mich schon nach der vierten als „beziehungsunfähig" bezeichnet. Ich wollte nicht derjenige sein, der das nicht auf die Reihe kriegt. Ich wollte nicht schon wieder der sein, bei dem keine bleibt".

Der wahrgenommene Erwartungsdruck des Umfelds kann uns in einer unbefriedigenden Beziehung festhalten. Loyalität gegenüber dem Partner kann ein Grund sein, in einer Beziehung zu bleiben. Ehe zum Beispiel ist ein Loyalitäts-Versprechen. Gute Zeiten oder schlechte Zeiten können zu Ende gehen. Eine Ehe endet nicht: „Bis das der Tod uns scheidet" Wer in vollem Glauben an die Ehe verheiratet ist, fragt nicht, ob es allein oder mit jemand anderem besser wäre. Er fragt, wie es im Rahmen dieser Ehe besser sein könnte.

Darüber hinaus stellt Ehe auch einen gesellschaftlichen Status dar. *„Ich gehöre zu den Verheirateten. Das ist meine Frau. Das ist mein Mann."*

Jürgen war achtzehn Jahre verheiratet. Es war nicht die große Liebe, aber es war eine angenehme Beziehung. Er wollte verheiratet sein, er fand, das gehörte für einen Mann mit seiner beruflichen Position dazu.

Wenn eine Ehe scheitert, wechselt man in den „Status" der Geschiedenen. Möglicherweise wird das als persönliches und gesellschaftliches Versagen interpretiert. „Ich habe es nicht geschafft, die Ehe zu retten. Ich bin raus aus dem Stand der Verheirateten. Ich gehöre nicht mehr dazu." Beendet oder gescheitert? Das Scheitern einer Beziehung ist eine persönliche Ansicht. Keiner braucht sich diesen Schuh anzuziehen. Manchmal gehöre ich einfach nicht mehr dazu: Ich bin vor allem ich!

Ich bin ich
…Gehör' ich hier denn noch dazu
oder bin ich längst schon draußen?
Zeit nimmt sich den nächsten Flug
Hab' versucht ihr nachzulaufen…
Ich bin jetzt
Ich bin hier
Ich bin ich…
(Song von Rosenstolz)

…gute Zeiten – schlechte Zeiten – andere Zeiten

Daniel und Anja lebten seit ein paar Jahren zusammen. Daniel war mit dem Studium fertig und träumte von einem Job im Ausland und einer Familie. Anja fing nach ihrer Ausbildung gerade mit dem Studium an: freie Zeiteinteilung, Partys, neue Leute kennenlernen. Sie wollte jetzt noch richtig was erleben, unterwegs sein.

Wendepunkte können mit der Zeit entstehen, zum Beispiel durch einen Wechsel der Lebensperspektive. Die beiden standen am Wendepunkt unterschiedlicher Lebensphasen. Daniel wollte zum Hafen, Anja in See stechen. Es gab immer weniger, das sie miteinander teilen konnten. Ihre Perspektiven zeigten in unterschiedliche Richtungen. Es gab keine Schnittmenge mehr, für die sich beide begeistern konnten. Damit einhergehend ließ auch die Begeisterung füreinander nach. Das, was der eine am anderen schätzte, hatte vor dem Hintergrund sich trennender Lebensphasen an Bedeutung verloren.

Als Svenja Tom kennenlernte, war sie achtzehn. Sie hatte bis dahin wenig erlebt. Tom fuhr Motorrad, machte Musik und liebte es, unterwegs zu sein. Svenja konnte mit ihm alles nachholen, was sie bis dahin versäumt hatte. „Wir lebten einfach und nahmen alles mit. Motorradtouren, Partys, immer Action."

Dann veränderten sich ihre Wege. Während Tom in eine Großstadt zog und studierte, ging für Svenja mit Weiterbildung und erstem Job das Arbeitsleben los. Die Wochenendbeziehung strengte sie zunehmend an. Die Treffen wurden immer weniger und irgendwann trennten sich beide. „Ich hatte Tom zu einer Zeit kennengelernt, in der ich ganz viel Leben nachholen wollte. Das hatte ich irgendwann. Dann kam für mich ein neuer Abschnitt und ich merkte, dass Tom dieser unruhige Mensch blieb, der immer unterwegs war, während ich andere Bedürfnisse entwickelte. Ich sah für uns dauerhaft keine Zukunft."

In diesem Fall basierte die Beziehung größtenteils auf einem vorübergehenden Nachholbedürfnis eines Partners. Manchmal ist es vor allem eine bestimmte Situation, ein vorübergehendes Bedürfnis oder ein konkreter Lebensabschnitt, den beide teilen.

Jan war vor kurzem von seiner Freundin verlassen worden, der er immer noch nachtrauerte. Dann traf er Mia, der es ähnlich ergangen war. Es war eine Beziehung Gleichgesinnter. Sie fanden sich attraktiv und halfen sich gegenseitig über den Verlust hinweg. Nach einem halben Jahr gingen sie wieder getrennte Wege.

Ist diese Zeit vorbei, stellt man vielleicht fest, dass eine große Gemeinsamkeit in dieser Beziehung in dieser Erfahrung bestand. Diese „oberflächlichen" Verbindungen können auch über mehrere Lebensphasen andauern.

Brenda und Steve heirateten mit fünfundzwanzig. Sie machten sich mit einem kleinen Betrieb selbstständig, bauten ein Haus und bekamen drei Kinder. Eine Herausforderung folgte der anderen. Sie hatten dabei nie Zeit, sich selbst wirklich kennen zu lernen. Irgendwann liefen die externen Projekte aus. Das Haus war gebaut, die Kinder ausgezogen, der Betrieb verkauft. Jetzt ging es nur noch um die beiden: Was interessiert mich? Woran habe ich Freude? Was möchte ich teilen? Ihr neues Projekt hieß „wir" und sie stellten fest, dass ihnen für dieses Projekt die Schnittmenge fehlte.

Wenn eine Verbindung am Beginn nicht in die Tiefe geht, kann es sein, dass einer der Partner diese Tiefe in einer späteren Lebensphase vermisst und in der aktuellen Beziehung auch nicht finden wird.

Manchmal liegt einer Partnerschaft eine tiefe, dauerhafte Verbindung zugrunde. Diese wird nicht enden.

Häufig jedoch verändert sich etwas im Laufe der Zeit. Ein Freund von mir spricht hier von einer chemischen Verbindung. Sie vermischen zwei Stoffe und das Ergebnis ist großartig. Aber die Mischung ist noch nicht vollständig. Mit Dauer der Beziehung kippt jeder neue Proben seiner Essenz dazu. Wir können hier von Dauerwendepunkten sprechen, an denen wir das Mischverhältnis immer wieder überprüfen und nachjustieren sollten.

Vielleicht wird die Mischung mit jedem Mal besser. Vielleicht wird die Mischung explosiv, oder sie trübt ein. Vielleicht macht der nächste Spritzer sie ungenießbar oder giftig. Manchmal macht sie abhängig, obwohl die Wirkung zerstörerisch ist. Dann bleiben wir möglicherweise in einer Beziehung in vollem Bewusstsein, dass sie uns schadet.

Je älter wir sind, desto bewusster treffen wir Entscheidungen und nehmen Lebensabschnitte wahr. Wer hat sich beim ersten Date gefragt, ob dieser Mensch auch in der nächsten Phase seines Lebens noch attraktiv genug für diese Beziehung sein wird? Je klarer mir meine Bedürfnisse in einer Beziehung sind, desto genauer betrachte ich mein Gegenüber. Mit der Einsicht klärt sich die Aussicht.

Wer weiß von Anfang an, was genau er in einer Partnerschaft schätzt und womit er dauerhaft nicht leben kann? Wer plant eine Partnerschaft? Oft ergibt sich das unerwartet und wir schreiten unbemerkt über einen Wendepunkt. Keine Zeit, um Erwartungen zu haben.

Christiane ist seit 20 Jahren verheiratet. Sie hatte vor dieser Ehe mehrere Beziehungen: „Als ich wusste, dass ich Kinder haben wollte, hatte ich eine genaue Vorstellung von einem Partner. Meinem Mann ging es genauso. Als wir uns begegneten, waren wir sehr verliebt. Trotzdem gab es viele lange Gespräche, ein gegenseitiges Abtasten, bis wir uns für eine Beziehung entschieden. Wir kannten uns selbst recht gut und wussten, was wir vom anderen erwarten würden und was wir zu tolerieren bereit wären."

Beide Partner reisen hier mit Gepäck, das sie beim „Check-in" gegenseitig gut durchleuchten.

Auch die Narben früherer Beziehungen tragen wir als Gepäck bei uns. Waren wir in toxischen Verbindungen, können uns diese für zukünftige Wendepunkte prägen. „Giftig, fasse ich nie mehr an" …jedenfalls bis man das Vertrauen und die Zuversicht findet, das Gegengift zu suchen: eine Beziehung, die gut tut.

Es gibt Zeiten, in denen brauchen wir keine festen Beziehungen oder sie überfordern uns. Wenn sich die Zeiten ändern, ändern sich auch Bedürfnisse und Vorstellungen. Manche Beziehungen halten den Gezeiten nicht stand, manche überdauern sie.

Castles made of sand.
…and so castles made of sand.
melt into the sea, eventually…
(Song von Jimmy Hendrix)

...Verlust

Ist Ihnen schon aufgefallen, dass es in Lovesongs über das Ende einer Liebesbeziehung oft um Besitz und Verlust geht? „Please don't take my man..." Ich will meinen Partner nicht verlieren! Nimm ihn mir nicht weg. Hat der Partner auch Mitspracherecht?

Wenn ein ungewolltes Beziehungsende naht, klammern sich viele an einen Besitz, den es nicht gibt. Die viel besungenen Eigentumsverhältnisse täuschen leicht darüber hinweg. Eine Beziehung ist ein Verhältnis. Verhältnisse können sich ändern. Kein Partner gehört dem anderen. In einer Beziehung geht es um das Teilen: Interessen, Ziele, ein Zuhause, Zeit, ein soziales Umfeld, Gefühle. Des Weiteren geht es um das Interesse am anderen und um Gefühle für den anderen. Den Partner können wir nicht besitzen, also auch nicht verlieren. Was sich ändern kann, sind Gemeinsamkeiten, das Interesse oder das Gefühl füreinander. Damit einher kann die Sicherheit gehen und die Zugehörigkeit. So gesehen steckt hinter dem vermeintlich körperlichen Verlust meist mehr als das. Ich empfinde Verlust, weil ein Bestandteil meines Lebens zurückbleibt. Geborgenheit, Zugehörigkeit, Gemeinsamkeit, Freude als Produkt dieser Beziehung. Manchmal tritt in das Leben eines Partners auch etwas Neues Gravierendes, das der andere nicht teilen kann. Vielleicht versucht ein Partner auch, zu viel zu teilen.

Julie entwickelte im Laufe eines Jahres eine tiefe Verbindung zu einer Glaubensgemeinschaft, die sie über eine Kollegin kennengelernt hatte. Sie verbrachte in diesem neuen Umfeld immer mehr Zeit und änderte auch ihre Lebensweise. Ihr Mann Luc teilte ihren neuen Glauben nicht. Er konnte weder etwas mit ihren neuen Freunden, noch mit ihren veränderten Interessen und Überzeugungen anfangen.

Julie hatte einen großen Teil ihres Lebensmittelpunktes aus der Schnittmenge genommen. Irgendwann trennten sich die beiden.

Auch die Selbstaufgabe für den Partner kann eine Trennung auslösen. Zu einer Beziehung gehören immer zwei.

Michaela hatte sich in Robert, ihren Ausbildungsleiter, verliebt. Die beiden trafen sich häufiger. Man nahm sich gegenseitig auf Partys mit. Mit zunehmender Vertrautheit änderte sich die Beziehung. Robert sah, wie selbstbewusst Michaela unter ihren Freunden auftrat und wie sehr man sie schätzte. Je mehr Robert das erkannte, desto unsicherer wurde er. Er stand oft still an ihrer Seite und versuchte die gemeinsame Zeit mit ihr entweder zu zweit oder in seinem Freundeskreis zu verbringen. Er fragte sich immer häufiger, was er ihr bieten könnte. Er bekam Angst, dass sie ihn verlassen würde. Michaela dagegen vermisste den selbstbewussten witzigen Robert. Er ging ihr zunehmend auf die

Nerven, auch seine ständigen Anrufe und seine Rückfragen, wenn sie alleine unterwegs war. Sie wollte einen Partner auf Augenhöhe.

Gibt ein Partner sich in einer Beziehung komplett auf, ist er für den anderen nicht mehr erkennbar. An diesem Wendepunkt geht es weniger um die Veränderung der Schnittmenge, als um das Verschwinden eines Bestandteils, des Ich. Wenn jemand sich komplett dem anderen anpasst, besteht die Gefahr, sich nur über diesen zu definieren.

Deckungsgleichheit riskiert immer auch Selbstaufgabe. Wenn man das Interesse an sich selbst verloren hat, kann der Partner dieses Interesse schlecht finden.

Ich bin ich.
…Hab' mein Gleichgewicht verloren,
doch kann trotzdem grade stehen.
…Denn ich würde nur bereuen,
hätt' ich mich an dir verbogen…
(Song von Rosenstolz)

…Verantwortung

Verantwortung ist am Wendepunkt Beziehungsende ein wichtiger Aspekt. Kann ich mich auf meine Gefühle verlassen? Treffe ich womöglich eine Fehlentscheidung, die ich ein Leben lang bereue? Manchmal entscheiden beide gemeinsam, sich zu trennen, manchmal geht die Initiative von einer Seite aus. Der Verlassene hat keinen Vorlauf, sich vorzubereiten und fragt sich vielleicht: "Hätte ich es verhindern können?"

Darüber hinaus kann auch das Verantwortungsgefühl des Verlassenden für den Verlassenen bei der Entscheidung eine wichtige Rolle spielen.

„*Kann ich den Partner wirklich alleine lassen? Will ich für ihr/sein Leiden verantwortlich sein?*" *Jasmin fühlt sich dafür verantwortlich, dass es ihrem Partner Alex gut geht.* „*Ich würde lieber gehen. Alex hängt aber an mir. Wenn ich ginge, wäre ich frei für Neues.*"

Der Konflikt ist da, wenn Jasmin sich gleichermaßen für ihr eigenes und das Glück ihres Partners verantwortlich fühlt. Im Ernstfall hilft hier nur die klare Positionierung: Entweder übernehme ich die Verantwortung für mich oder für meinen Partner.

Entscheiden wir uns für das Beenden, stellt sich die Frage nach dem Wie.

Oft wird die Verantwortung unbewusst delegiert. Man kann sich aus der Verantwortung ziehen, indem man die Beziehung langsam ausschleichen lässt: „Fällt hoffentlich nicht auf, ich tu mal so, als wäre es ein natürlicher

Prozess." Oder man delegiert die Verantwortung an den Partner. „Ich provoziere ihn jetzt so lange mit meinem Verhalten, bis er selbst geht." Man könnte diesen Wendepunkt mit „Rückgrat bewahren" beschreiben. Die fairste Methode ist die Aufrichtige. Tacheles reden: „Es geht nicht mehr. Ich möchte nicht mehr." Das zieht möglicherweise unangenehme Konflikte, Fragen, Vorwürfe oder ein schlechtes Gewissen nach sich – kurz: all das, dem man lieber aus dem Weg gehen würde. Aber Aufrichtigkeit macht auch den Weg frei für den nächsten Anfang. Auch wenn Sie gerne nur an das Gute glauben möchten und Konflikten aus dem Weg gehen, Rückgrat stärkt Ihnen ungemein den Rücken. Das ist extrem hilfreich, sollten Sie leben wollen.

Wenn Du liebst
…und doch fällt's mir so leicht,
an uns zu glauben
und nichts Schlechtes zu sehn
Doch irgendwas sagt mir leise,
wenn Du sie liebst,
dann lass sie gehen…
(Song von Clueso)

…Kinder

Wenn Kinder da sind, erweitert sich die Verantwortung. In diesem Fall ist nicht nur der Partner direkt von einer möglichen Trennung betroffen, sondern auch die Kinder und deren Zukunft. Schauen sie in das Kapitel: Kinder – ein Dauerwendepunkt. Sie werden sehen, in welche Entwicklungsphase Ihrer Kinder Sie mit einer privaten Trennung hineingrätschen. Wie trenne ich mich am besten, ohne die Entwicklung meines Kindes zu gefährden? Der Moment der Trennung wird für Kinder meist schmerzhaft. Eine Familie zu haben bedeutet im Idealfall Zugehörigkeit, Sicherheit und Konstanz. Dafür sind Eltern mitverantwortlich.

Trotzdem ist Trennung möglicherweise eine notwendige Entscheidung. Wenn die psychische Bindung zwischen den Partnern nicht mehr besteht, merken Kinder das sowieso. Ist eine Beziehung am Ende und wird diese weitergelebt, belastet das die Kinder, egal ob dieses offen ausgesprochen wird oder nicht. Kinder nehmen Stimmungen auf. Sie sind diesbezüglich wesentlich sensibler als Erwachsene. Vielleicht ist der Zeitpunkt variabel, vielleicht gibt es Kompromisse, die ein vorläufiges weiteres Zusammenleben enthalten. Wie belastend ist eine Trennung für die Kinder? Wie belastend wäre das weitere Zusammenleben für sie? Wie belastend wären es für meinen Partner und mich? In jedem Fall sind Kinder und unsere Verantwortung für ihre Entwicklung ein wesentlicher Einflussfaktor an diesem Wendepunkt. Trotzdem ist eine Trennung manchmal unvermeidlich, auch wenn Sie es Ihren Kindern nicht oder nur schwer erklären können.

Some things just come undone.
…My child my beautiful son I said…Two homes are better than one…
(Song von Heather Nova)

…Schlechte Aussichten – schöne Aussichten – neue Aussichten

Manchmal verhindert der Blick nach vorne die Trennung *Mareike war 45 und ihre Tochter Helene 6. Die Ehe kriselte schon lange, aber sie versuchte, es durchzuhalten wegen Helene. Als alleinerziehende Mutter müsste sie wieder arbeiten und hätte weniger Zeit. Mareike wollte nicht von vorne anfangen, wieder suchen, wieder neu kennenlernen. Besser irgendwie zusammenbleiben als allein. Außerdem war sie mittlerweile 45 – Sinkender Marktwert in einem schrumpfenden Markt!?*

Das Trennungsalter ist relevant in vielerlei Hinsicht. Je älter wir sind, desto kleiner empfinden wir vielleicht die Auswahl an vorhandenen Lebenspartnern. Man könnte aber auch sagen, ab einem gewissen Alter wird die Verfügbarkeit wieder größer. Die Kinder sind aus dem Haus, was bei einigen Paaren zur Sinnkrise und Trennung führt. Sind Jüngere chancenreicher? Man hatte privat möglicherweise mehr Gelegenheiten, auf Singles zu treffen. Die Treffermenge schien höher. Man wusste aber auch weniger, was man wollte. Die Trefferquote war geringer. Jetzt steigt die Trefferquote, weil man gegebenenfalls einige „Angebote" gleich ausschließen kann und nicht erst ausprobieren muss. Man ist sich über die eigenen Ansprüche und Bedürfnisse besser im Klaren. Das gilt gleichermaßen für Partnerschaft, Freundschaften oder Jobangebote. Mit sinkendem Zeitvorrat schwindet zudem oft die Bereitschaft, diese in unbefriedigenden Beziehungen zu vergeuden. „Ich habe mit der Zeit erkannt, dass es den perfekten Partner nicht gibt." Ich kann nicht erwarten, dass mein Partner all meine Erwartungen und Vorstellungen von einer perfekten Beziehung erfüllt. Muss er oder sie all meine Interessen und Gedanken teilen? Macht mich wirklich die Beziehung unglücklich oder ist es mein Idealbild von dieser? Mit der Einsicht steigt die Aussicht.

Eine Freundin sagte mir neulich:

„Die beste Erfahrung, die ich nach meiner Trennung vor 8 Jahren gemacht habe ist die, dass ich als Single ein glückliches Leben führen kann. Ein neuer Partner wäre für mich lediglich das Sahnehäubchen. Den Kuchen habe ich bereits."

Schöne Aussichten lassen sich finden – mit oder ohne Partner. Glauben Sie Supertramp: Jeder Dauerregen hört auf.

It's raining again.
... You're old enough some people say.
To read the signs and walk away.
It's only time that heals the pain.
and makes the sun come out again...
(Song von Supertramp)

...Selbstwert

Bin ich es wert, von einem Partner geliebt zu werden? Bin ich es wert, dass man bei mir bleibt? Bin ich es wert, gut behandelt zu werden? Wer sich diese Fragen stellt, sollte sich zunächst eine andere Frage stellen: Was bin *ich* mir wert? Die Aussichten auf eine glückliche Beziehung erhöhen sich enorm, wenn Sie davon überzeugt sind, dass sie diese auch verdienen. Wenn Sie es sich wert sind, achten Sie auf sich. Sie achten darauf, dass es Ihnen gut geht. In diesem Fall werden Sie auch eine Beziehung beenden, die Ihnen schadet.

Ulrike hatte eine leidenschaftliche Wochenendbeziehung mit Lars. Sie verbrachten die Wochenenden in seiner Wohnung. Irgendwann wollte sie nicht mehr pendeln und schlug vor, zu ihm zu ziehen oder etwas auf halber Strecke zu finden. Er wollte nicht. Er hatte einen anstrengenden Job und einen großen Freundeskreis. Beides schien ihm wichtiger zu sein als die Beziehung zu Ulrike. Die Liebe war noch da, aber es tat ihr nicht mehr gut. Es war nicht pari. „Ich hatte immer das Gefühl, mehr zu geben als er. Dafür war ich mir zu schade."

Unser Selbstwert trägt unsere Entscheidung aus einer Beziehung zu gehen, in der wir mehr geben als der Partner. Das ist eine natürliche Notbremse. Es geht nicht bis zur Selbstaufgabe.

Astrid und Ingo waren sechs Jahre zusammen. Es war eine sehr intensive Beziehung, obwohl sie sich nur zwei Mal im Monat sahen. Die seltenen Treffen waren immer so spannend, wie das erste Date. Genauso hart war die Zeit bis zum Wiedersehen. Auf Astrids Anrufe reagierte Ingo selten, dann stand er plötzlich wieder vor ihrer Tür. Nach sechs Jahren war ihre Beziehung so spannend wie am ersten Tag und so wenig verlässlich. „Ich war immer da, wenn er wollte. Er konnte sich auf mich verlassen. Ich mich auf ihn nicht. Irgendwann habe ich es beendet. Ich musste hier auf meine Bedürfnisse hören, sonst hätte mich das kaputt gemacht."

Auf sich selbst zu achten ist für viele ein Lernprozess, der sich über mehrere Trennungen erstrecken kann. Er sorgt dafür, dass am Wendepunkt ein gesunder Weg gewählt wird. Wer mit sich im Einklang geht und sich selbst treu bleibt, verschwendet keine Energien in ungesunde Beziehungen.

One reason
…I said this youthful heart can love you
and give you what you need,
but I'm too old to go chasing you around,
wasting my precious energy
Give me one reason to stay here…
(Song von Tracy Chapman)

Freiheit…

Freiheit ist wichtig: Freiheit, zu tun und zu sagen, was einem am Herzen liegt. Deshalb ist Freiheit oft ein Faktor bei einer Trennung. Ist meine Freiheit in einer Beziehung aufgrund ungelöster Konflikte eingeschränkt? Die Abzweigungen heißen: ändern, abwarten oder trennen.

Wenn beide Partner abwarten und Konflikte vermeiden, führt das oft ebenfalls ans Ende der Beziehung. Die Dinge stören in der Regel weiterhin, die Unzufriedenheit nimmt zu.

Max ließ Lea viele Freiheiten. Auf ihre Anfrage, ob ihm etwas recht sei, antwortete er immer „Mach das wie Du möchtest. Mir ist das egal." Lea merkte allerdings an seiner Reaktion genau, was ihm lieber gewesen wäre. Hatte sie sich dagegen entschieden, war die Stimmung schlecht und Max zog sich zurück.

Lea hatte keine wirkliche Entscheidungsfreiheit, sie hatte lediglich die Wahl zwischen unbefriedigten Bedürfnissen und schlechter Stimmung. Ich nenne das einen Fall von Pseudo-Entscheidungsfreiheit. Der Partner gibt dem anderen die Wahl, sich so oder so zu verhalten. Tatsächlich verursacht die Wahl der einen Option aber Unmut, der in Form von Kommentaren, Verhaltensweisen oder Stimmung offen zutage tritt. Die offiziell zugestandene „Freiheit" steht der inoffiziellen moralischen Verpflichtung, sich den Wünschen des Partners anzupassen, entgegen. Das Dilemma kann nicht gelöst werden, da keiner zugibt, dass es existiert.

Eine Trennung ist immer auch befreiend. Wenn ich etwas loslasse, habe ich die Hände frei. Wenn etwas endet, macht es den Weg frei, damit etwas anderes anfangen kann. Meine Freundin hat in einer Seehundrettungsstation gearbeitet, immer wenn ein Tier wieder ausgewildert wurde, hat sie sich damit getröstet.

Rewild me.
…Rewild my heart, let me be.
the sum of my parts, me…
(Song von Heather Nova)

Zum Ende ein Anfang

Haben wir genug, das uns verbindet, oder trennt uns mehr? Genießen wir zusammen mehr als allein? Verbinde ich mit dem anderen noch Lebensfreude und Leichtigkeit? Ist das, was mir der andere und diese Beziehung geben noch ausreichend vorhanden? Partnerschaft braucht Austausch, Gemeinsamkeit, Interesse und Freiheit. Ich finde am anderen etwas interessant. Sie hat etwas, das ich brauche. Wir können uns etwas geben, das uns guttut. Wir können etwas teilen, das uns beide bereichert. So gesehen geht es um Eigenschaften der Partner und um die Qualität der Schnittmenge in der Beziehung (Abb. 4). Was das ist, ob das für einen Außenstehenden nachvollziehbar ist, spielt keine Rolle.

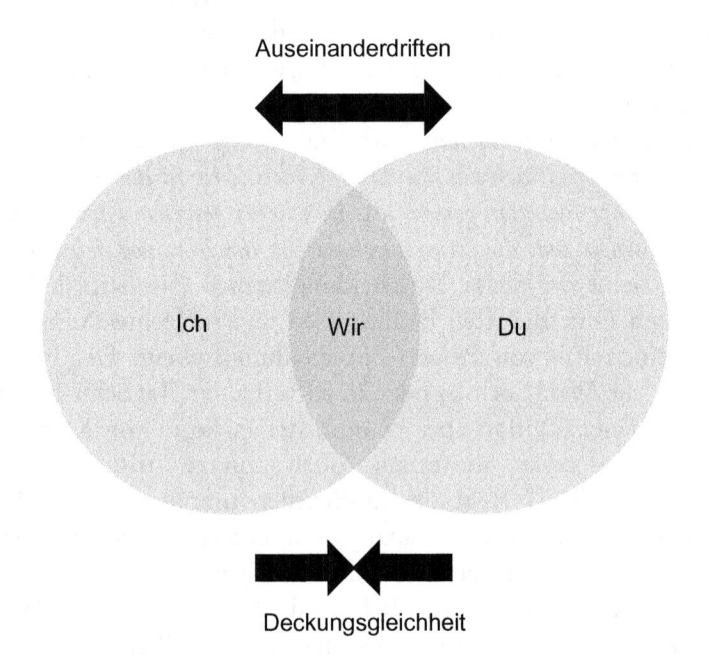

Abb. 4 Beziehungsende

All das kann sich auch verändern. Wir brauchen vielleicht in unterschiedlichen Lebensphasen unterschiedliche Dinge, weil wir unterschiedliche Dinge geben können und geben wollen, weil wir Dinge anders sehen und andere Dinge teilen möchten.

Ist die Anziehungskraft groß genug, dass sich die Kreise überschneiden und die Schnittmenge gehalten wird? Oder driften sie auseinander bis zur Trennung. Ist die Überlappung so groß, dass einer in dieser Schnittmenge verschwindet? Beziehungsende mangels Partner. Sind wir noch auf Augenhöhe? Wieviel Glückspotenzial haben wir noch?

Beziehungsende? Tür zu, bitte. Trennen bedeutet emotional freilassen. Was war schön, was geht nicht mehr?

Eine erfolgreiche Beziehung ist ein Angebot zum Lernen. Eine Trennung ist es ebenso. Wer offen für dieses Angebot ist, lernt, wer er ist und mit wem er wie wo lang gehen möchte.

Von meinem ersten Freund habe ich gelernt, wie man mit seinem Partner konstruktive Konfliktgespräche führt. Dafür bin ich ihm heute noch dankbar.

Man lernt, was einem guttut. In der Regel lernen wir aus jeder Beziehung etwas Hilfreiches für den weiteren Weg.

Was brauche ich jetzt? Wo bekomme ich das her?

Für den Wendepunkt Trennung gilt dasselbe wie an allen Wendepunkten. Schauen Sie gerne zurück zum besseren Verständnis. Das kann auch mal länger dauern. Halten Sie inne! Was haben Sie gelernt? Seien Sie dankbar dafür. Ihnen fällt nichts ein? Dann schauen Sie unten auf die Auflistung aus dem Song von Ariana Grande. Danach lassen Sie los, was Sie verlassen wollen. Das ist einfacher beim Weitergehen, als wenn Sie versuchen, es hinter sich her zu zerren.

Leben Sie noch? Super! Nach diesem Ende kommt der Anfang.

Thank U next
…One taught me love
One taught me patience
and one taught me pain
Now, I'm so amazing
Say I've loved and I've lost
but that's not what I see
So, look what I got
Look at what you taught me
and for that, I say:
Thank you, next…
(Song von Ariana Grande)

> **Reisenotiz Trennung**
> Ich betrachte, was ich gelernt habe und warte geduldig ab, wohin mich diese Erkenntnis führt. Ich bin gespannt, was ich dort finden werde.

Auf das, was da noch kommt
…Auf das was da noch kommt, auf jedes Stolpern jedes Scheitern,
es bringt uns alles ein Stück weiter zu uns
– Auf das, was da noch kommt…
(Song von Lotte und Max Giesinger)

Das Leben ist schön

Meine Einsicht prägt die Aussicht

Nein, das Leben ist nicht immer schön. Natürlich werden Sie auch stolpern und scheitern. Es ist wie es ist. Daran können wir nichts ändern. Allerdings ist es häufig schöner, als wir es uns denken. Daran *können* wir etwas ändern.

Es macht einen Unterschied, ob Sie an einem Wendepunkt mit dem Gedanken „Wird eh nichts." oder „Ich bin gespannt. " abbiegen. Finden Sie etwas nett oder großartig? Lieben Sie Dinge oder mögen Sie sie nur? Finden Sie Ihre Lage schwierig oder aussichtslos? Es geht hier nicht um äußere Faktoren, sondern um Ihre innere Sicht darauf. Die macht etwas mit Ihnen.

Zuversicht ist eine Lebenseinstellung. Ist mein Glas halb voll oder halb leer? Der Zustand ist derselbe, aber meine Stimmung ist es nicht. Zuversichtlich zu sein beschreibt Wikipedia als: ein positives gutes Gefühl für die Zukunft habend.

Gute Aussichten! Wenn Sie zuversichtlich nach vorne schauen, können Sie nicht gleichzeitig skeptisch zurückblicken. Verpasste Gelegenheiten, Angst, Schuld sind nicht mehr Ihre Perspektive.

Sind Sie auf gute Aussichten eingestellt? Unsere Lebenseinstellung ist wie ein Radiokanal. Wenn wir nur auf einer bestimmten Frequenz empfangen, sind wir nicht empfänglich für anderen Input. Die Einstellung und Stimmung, mit der wir unseren Weg gehen, trifft auf Resonanz.

Fokussiere ich auf Probleme oder Lösungen, auf Schwierigkeiten oder Möglichkeiten? Betrachte ich, was ich verliere oder gewinne? Blicke ich auf das, was mir Angst macht oder auf das, was mir Mut gibt?

Unsere Welt ist zum Großteil das Produkt unserer Gedanken. In welche Krise Sie auch stürzen, welches Glück Ihnen auch widerfährt:

Eine Beziehung überdauert alles: Das Verhältnis zu Ihnen selbst und zu Ihrem Leben. Das Einzige, auf das wir hundertprozentigen Einfluss haben, sind unsere Gedanken und unser Verhalten. Oft ist uns das nicht bewusst.

„Unsere Neigungen haben eine erstaunliche Begabung, sich als Weltanschauung zu maskieren."
Herman Hesse

Welche Ihrer Bewertungen verleiten Sie immer wieder zu düsteren Betrachtungen? Schauen Sie die Dinge einfach an und kommen Sie zu der Überzeugung: Es ist so wie es ist. Das ist der gesündeste Weg.

An jedem Wendepunkt treffen immer Vergangenheit und Zukunft im Jetzt aufeinander. Sie können es nicht separieren.

Jedes äußere Geschehen kann uns ins Wanken bringen und damit einhergehend unsere physische Verfassung. Oft verändern wir Dinge in unserem Umfeld, damit es uns besser geht. Manchmal ist dieses Ziel mit einer Veränderung der eigenen Sichtweise wesentlich leichter zu erreichen. Je weniger ich glaube, dass meine Verfassung von äußeren Umständen abhängig ist, desto stabiler bin ich. Verständnis für andere und mich selbst hebt enorm die Stimmung.

Veränderung ist die Basis. Wir gehen unseren Weg, wir stehen ihn nicht. Jede Beziehung geht durch diese Veränderung, sei es die Beziehung zu Freunden, Familie, Job, Partner… oder zu mir selbst.

Der gemeinsame Weg wird schön, auf dem Beziehungspartner **zusammenwachsen** und dabei **zusammen wachsen**.

Genialer Tag
…Die Wahrheit lieg dort auf dem Tisch und wartet auf Morgen,
im Keller Gold und Kohle, fein gestapelt – keine Sorgen
Der Sinn des Lebens ist, vielleicht einfach nur zu leben…
(Song von Michels)

Meine Wahl

…ob ich die Dinge schwernehme oder einfach nur lebe. Ich kann die Beschaffenheit des Weges nicht verändern, es sei denn, ich bin Landschaftsarchitekt und habe einen entsprechenden Auftrag. Ich kann allerdings häufig entscheiden, welchen Weg ich nehme. Ich kann immer beeinflussen, was ich auf diesem Weg denke und damit auch wie ich mich auf diesem Weg fühle.

Für gute Gefühle praktizieren Sie gerne die Übung Think positive – die drei Tageshochs. Sie finden diese im Trainingscamp.

Ich wähle ...
ob ich loslasse oder festhalte;
ob ich entscheide oder entscheiden lasse;
ob ich aus Erfahrungen lerne oder sie ignoriere;
was ich mir gönne oder mir versage;
ob ich mich freue oder ärgere.
Ich wähle...
Zuversicht oder Pessimismus?
Lösungen oder Probleme?
Nutzen oder Schaden?
Möglichkeiten oder Hindernisse?
Verständnis oder Vorwürfe?

Wir selbst öffnen die Grenzen in unseren Köpfen. Woran glaube ich und woran nicht? An jedem Wendepunkt treffen wir unsere Wahl.

Wir entscheiden uns für das Gestern für das Morgen oder für das Jetzt.

All das beeinflusst uns auf unserem Weg. Oft tut es das sogar mehr als der Weg selbst.

Stufen
...Nur wer bereit zu Aufbruch ist und Reise,
mag lähmender Gewöhnung sich entraffen...
Des Lebens Ruf an uns wird niemals enden...
Auszug aus dem Gedicht „Stufen" in „Das Glasperlendspiel" von Hermann Hesse.

Reisenotiz Das Leben ist schön
Egal an welchem Wendepunkt ich stehe, ob der Fluss hier endet, oder der Weg steinig wird, ich suche und finde das Positive am Leben.

Fünfte Etappe Mitreisende

In diesem Kapitel erhalten Sie musikalische und mentale Unterstützung für Ihre Veränderung. Ausgewählte Songs ermutigen Sie, Ihre Wünsche umzusetzen und trösten in schwierigen Situationen auf Ihrem Weg. Die Reisenotizen – Kernaussagen aller Kapitel dieses Buchs im Schnelldurchlauf – helfen Ihnen, wichtige Faktoren auf Ihrem Weg im Auge zu behalten.

Soundtrack

Songbook zur Reise

Falls Sie auf anderen Wegen schwer dorthin gelangen, Musik ist die Abkürzung zu Ihrem Seelenleben. Ich verbinde mit wichtigen Phasen oder Herausforderungen immer bestimmte Songs, die ich in dieser Zeit gehört habe und die mich in diesen Phasen unterstützt haben. Vielleicht geht es Ihnen ähnlich. Hier ist der Soundtrack zum Buch. Die Texte regen zum Nachdenken an und machen Mut.

Sie finden jeden Song im Internet oder Sie können den Soundtrack über Deezer (https://deezer.page.link/g9yryPUPnaqpfuft6), Spotify (https://open.spotify.com/playlist/7MX0d7gz3Yo0EMJYNivShg?si=4X-I3-XFTr6AjMz-uExNLw) oder auf meinem Blog allesdenkbar.de hören. Name der Playlist: Willkommen am Wendepunkt!

1. **Mit leichtem Gepäck** Silbermond
2. **Solsbury Hill** Peter Gabriel

3. **Jein** Fettes Brot
4. **Vacation** The dirty Heads
5. **Jetzt ist schön** Michy Reincke
6. **Stimme** EFF
7. **Express Yourself** Charles Wright
8. **Herz über Kopf** Joris
9. **Should I stay or should I go** The Clash
10. **The moral of the story** Ashe
11. **Life's what You make it** talk talk
12. **Lasse redn** Die Ärzte
13. **Virus of the mind** Heather Nova
14. **Junge** Die Ärzte
15. **Mit 66 Jahren** Udo Jürgens
16. **Father and Son** Cat Stevens
17. **Auf anderen Wegen** Andreas Bourani
18. **Ich bin ich** Rosenstolz
19. **Castles made of sand** Jimmy Hendrixx
20. **Wenn du liebst** Clueso
21. **Some things just come undone** Heather Nova
22. **It's raining again** Supertramp
23. **One reason** Tracy Chapman
24. **Rewild me** Heather Nova
25. **Thank U next** Ariana Grande
26. **Auf das, was da noch kommt** Lotte Max Giesinger
27. **Willst Du mit mir gehen** Dalia Lawi
28. **End of the line** The traveling Wilburys
29. **Get, what you give** New Radicals
30. **That's life** Frank Sinatra

Reisenotizen

Ihr Wendepunktführer im Schnelldurchlauf

> » Reisenotiz Auf geht's
> Jede Veränderung beginnt im Kopf! Wir alle lernen ein Leben lang.

» Reisenotiz Wendepunkte
Ich nehme Wendepunkte achtsam zur Kenntnis. Ich beobachte genau, was sie in mir auslösen.

» Reisenotiz Entscheidungen
Ich sortiere aufmerksam meine Argumente. Dann beantworte ich mir ehrlich, ob ich zum anderen Ufer will oder nicht.

» Reisenotiz Fehlentscheidungen
Fehlentscheidungen nützen mir meist zu einem späteren Zeitpunkt. Ich wertschätze sie als Lernprozess. Sie gehören dazu.

» Reisenotiz Sicherheit
Was ich wissen möchte, finde ich heraus. Ist das nicht möglich, vertraue ich auf das Beste. Ich passe meine Maßstäbe der neuen Situation an.

» Reisenotiz Status quo
Was habe ich bereits erlebt, wo stehe ich jetzt, wohin will ich? Was ist mir auf dem Weg wichtig und wer und was begleitet mich?

» **Reisenotiz Motivation**
Ich finde heraus, welche Motive für meinen Weg bedeutend sind. Wie werden diese mich auf dem neuen Weg beeinflussen?

» **Reisenotiz Ängste**
Ich überprüfe genau den Ursprung meiner Ängste. Sind diese wirklich berechtigt? Haben sie nichts mit meiner aktuellen Situation zu tun, trenne ich mich von ihnen.

» **Reisenotiz Bauchgefühl**
Mein Bauchgefühl verfügt über Informationen, die mein Kopf nicht hat. Ich lasse es bei meinen Entscheidungen offiziell mitreden.

» **Reisenotiz Inneres Team**
Ich honoriere die Leistungen und Qualitäten meiner inneren Spieler und überlege mir genau, wen ich für das aktuelle Spiel aufstellen möchte.

» **Reisenotiz Schuld**
Schuld liegt hinter mir, nicht vorne. Sie ist selten hilfreich auf meinem Weg. Ich kümmere mich um meine Verantwortung und nehme Dinge auf meiner Strecke wertfrei wahr.

» Reisenotiz Hätte, wäre...
Hätte und wäre beschreiben Möglichkeiten, die es nicht mehr gibt. Ich entferne umgehend diese Gedanken aus meinem Gehirn. Sonst verpasse ich, das Hier und Jetzt zu schätzen.

» Reisenotiz soziale Werte und Normen
Wähle ich einen klassischen Weg oder verzichte ich darauf, wenn mich der individuelle Trampelpfad oder die Freiheit Cross Country mehr reizen?

» Reisenotiz Glaubenssätze/Das innere Kind
Ich finde meine Glaubenssätze. Ich kümmere mich fürsorglich um mein Sorgenkind. Ich befreie mich so von fremden Überzeugungen, die mich einschränken und an meinem Weg hindern.

» Reisenotiz Körper und Seele
Ich nehme die Hinweise meines Körpers ernst und hinterfrage auch deren übergeordnete Bedeutung. Er ist mein Verbündeter.

> **Reisenotiz Kinder**
> Mein Kind ist wie es ist. Ich gebe ihm, was es braucht und lasse zuversichtlich los, was es selbst übernehmen kann.

> **Reisenotiz Ruhestand**
> Ich erkenne die Rolle, die der Job für mich in meinem Leben gespielt hat, und suche mir für seine wichtigen Funktionen neue Gebiete.

> **Reisenotiz Schulabschluss**
> Der Wendepunkt am Schulabschluss erscheint so wichtig, weil wir an ihn unsere Identitäts- und Rollensuche koppeln.

> **Reisenotiz Trennung**
> Ich betrachte, was ich gelernt habe, und warte geduldig ab, wohin mich diese Erkenntnis führt. Ich bin gespannt, was ich dort finden werde.

> **Reisenotiz Das Leben ist schön**
> Egal an welchem Wendepunkt ich stehe, ob der Fluss hier endet oder der Weg steinig wird, ich suche und finde das Positive im Leben.

> Reisenotiz Praxis Camp
> Practice what You preach. Ich setze das Gelernte um.

The end of the line
…Well, it's alright, ridin' around in the breeze.
Well, it's alright, if you live the life you please.
Well, it's alright, doin' the best you can.
Well, it's alright, as long as you lend a hand…
(Song von den Traveling Wilburys)

Personal Coaching

Ihr persönlicher Travel Guide

Manchmal braucht es eine helfende Hand. Sie sind am Ende dieser Lektüre angekommen und Sie denken, ein zusätzliches persönliches Coaching wäre eine gute Idee?

An dieser Stelle enden die Möglichkeiten dieses Buchs.

Das geht nur interaktiv. Dafür bräuchte es noch eine wichtige Komponente, nämlich SIE. Jeder Wendepunkt ist so individuell wie die Person, die er betrifft. Coaching braucht Input. Suchen Sie sich gerne eine kompetente Person Ihres Vertrauens. Vielleicht fragen Sie jemanden aus Ihrem Freundeskreis oder ein Familienmitglied. Nicht immer ist ein professioneller Coach erforderlich.

Haben Sie ein wenig Geduld, hören Sie auf Ihren Rhythmus und glauben Sie den New Radicals: You will get what You give!

Ich wünsche Ihnen viel Erfolg!

Get What You give
You've got the music in you.
Don't let go!
You've got the music in you.
One dance left.
This world is gonna pull through.

Don't give up!
You've got a reason to live.
Can't forget.
We only get what we give.
(Song von den New Radicals)

Bereit für die Praxis

That's life
…That's what all the people say.
You're riding high in April, shot down in May,
but I know I'm gonna change that tune,
when I'm back on top, back on top in June…
(Song von Frank Sinatra)

Trainingscamp

Dieser Praxisteil hilft Ihnen, in 19 Übungen das Gelernte zur Situations- und Selbstanalyse umzusetzen. Die erste Stufe unterstützt bei der Themenanalyse und Entscheidungsfindung. In der zweiten Stufe trainieren Sie, Ihre Wahrnehmung zu verändern und hinderliche Verhaltens- und Denkmuster aus Ihrer Vergangenheit abzulegen. Im Cool-down üben Sie, körperliche Symptome als Hinweise zu nutzen, Ihren Verhaltensspielraum zu erweitern und positiver zu denken.

Übungen für Ihre Reise

Willkommen im Trainingscamp! Sie sind jetzt gut vorbereitet für Ihre Reise. Sie haben das Wichtigste eingepackt. Jetzt kümmern wir uns um Ihre Fitness (Tab. 1). Denken Sie daran, ein wenig Auf und Ab gehört dazu, so ist das Leben.

Haben Sie den Eindruck, Sie könnten in einigen Bereichen noch etwas Training gebrauchen? Das bekommen Sie jetzt. Belegen Sie alle Kurse oder nur die, die Ihnen besonders am Herzen liegen. Es ist Ihre Reise.

Viel Erfolg im Camp!

> **Reisenotiz Praxiscamp**
> Practice what You preach. Ich setze das Gelernte um.

Tab. 1 Kursplan

1. Stufe	2. Stufe
Mein Thema — Worum geht es genau?	**Achtsame Wahrnehmung** — der Prozess
Status quo — Schlüsselfaktoren am Wendepunkt	**Zeitreise** — auf den Spuren meiner Vergangenheit
Systembrettübung — mein Thema dreidimensional betrachtet	**Mannschaftsaufstellung** — mein inneres Team
Rubikon-Übung — Entscheidungsphasen erkennen	**Verlustängste** — Was lasse ich (nicht) los?
Jetzt oder später — Entscheidungskonsequenzen	**Hier und jetzt** — Entscheidungen abschießen
Schwarz-Weiss-Grau — Jetzt und späte	**Personal-SWOT** — mein Wendepunkt ökonomisch betrachtet
Motivcheck — Was ich will und brauche	**Glaubenssätze finden** — Versteckspiel mit dem inneren Kind
Wasserglasmethode — was ich will und brauche	**Glaubenssätze neutralisieren** — das innere Kind trösten
3. Cool Down	
Interview mit Symptomen — mein Körper als Wegweiser	
Die Arena vergrößern (Johari light) — Feedback geben und nehmen	
Think Positive — die drei Tageshochs	

Mein Thema – Worum geht es genau?

Themenfindung am Wendepunkt

Je komplexer Sie Ihr Thema beschreiben, desto größer ist die Gefahr, dass Sie sich nicht mit dessen Ursprung, sondern lediglich mit der Bearbeitung von Begleiterscheinungen beschäftigen. Kulinarisch gesprochen reduzieren Sie mithilfe dieser Anleitung Ihr Thema auf seine Essenz (Abb. 1). Zum Ursprung gelangen Sie in zwei Schritten. Zuerst reduzieren Sie ihr Thema sukzessive auf ein Wort. Danach benennen Sie das Gefühl, mit dem Sie Ihr Thema verbinden. Ihr Gefühl ist die direkte unverfälschte Äußerung Ihrer Motive. Ihr Gehirn dagegen kann Ihnen etwas vortäuschen.

Ihr Thema ändert sich möglicherweise während des Entscheidungsprozesses. Das ist normal. Wenn Sie in die Umsetzung gehen, fragen Sie sich deshalb regelmäßig: Ist mein Thema noch mein Thema? Sollte sich Ihr Thema verändert haben, wiederholen Sie diesen Prozess mit dem neuen Thema.

Material
Stift, Vorlage zur Themenfindung

1. Begriff
2. auslösendes Gefühl

In einem Wort

In einem Satz

Worum geht es?

Abb. 1 Themenfindung

Anleitung
1. Beschreiben Sie Ihr Thema.
2. Welcher kurze Satz trifft Ihr Thema am besten?
3. Bestimmen Sie die Kernaussage dieses Satzes in einem Wort.
4. Welches Gefühl löst dieses Wort in Ihnen aus?
5. Schreiben Sie beide Worte auf (Thema und Emotion).

Sollte Ihnen der Prozess schwerfallen, können Sie diesen gemeinsam mit einer Vertrauensperson durchführen. Diese kann Sie auf Auffälligkeiten in Ihren Formulierungen hinweisen und entsprechend Fragen stellen.

Status-quo-Analyse – Schlüsselfaktoren am Wendepunkt

Diese Übung basiert auf der *systemischen Visualisierung des Ist-Kontextes,* die der systemische Coach und Ausbilder Axel Janssen in seinem Handbuch Management Coaching ausführlich darstellt. Die Status-quo-Aufstellung verschafft Ihnen einen Überblick über alle inneren und äußeren Faktoren, die eine Bedeutung für Ihren Wendepunkt haben. Durch die Anordnung auf Moderatorenkarten werden Zusammenhänge deutlich. Die Reduzierung auf einen Begriff ermöglicht die Fokussierung. Sie sind eingeladen, die Dinge auf den Punkt zu bringen (Abb. 2).

Material
Moderatorenkarten (alternativ Blatt und Schere), Tisch oder Fußboden zum Auslegen der Karten, Beispielgrafik

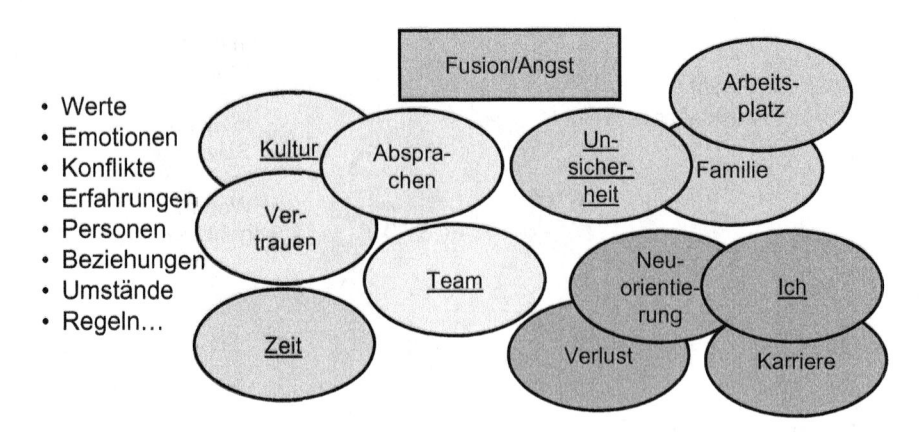

Abb. 2 Status-quo-Aufstellung (Beispiel: Thema Fusion/Angst)

Anleitung

1. Formulieren Sie Ihr Wendepunktthema in einem Wort auf einer Karte.
2. Schreiben Sie darunter das Gefühl, das es in Ihnen auslöst.
3. Was hat alles mit Ihrem Thema zu tun?
4. Reduzieren Sie Ihre Antworten auf jeweils einen Begriff. Schreiben Sie jeden Begriff auf eine Karte, die Sie vor sich auf den Tisch legen.
5. Hinterfragen Sie sich selbst: Was verstehe ich unter diesem Begriff?
6. Tauchen in Ihrer Antwort neue, für das Thema wichtige Begriffe auf? Dann fügen Sie diese zu der Aufstellung hinzu.
7. Haben Sie mehr als sechs Begriffe gefunden, clustern Sie in Themengruppen und finden Sie Clusterüberschriften, die Sie auf eine Karte notieren und zu dem Cluster legen. Unterstreichen Sie diese.
8. Sind Sie mit Ihrer Aufstellung zufrieden? Verändern Sie, was Sie verändern wollen.

Status-quo-Analyse Beispiel

Wendepunkt: Unternehmensfusion/Angst.
 Mein Thema hat mit *Vertrauen* zu tun (aufschreiben). Unter *Vertrauen* verstehe ich, sich auf andere *verlassen* zu können. Hat mein Thema mit *Verlässlichkeit* zu tun? Ja. Begriff auf eine neue Karte schreiben. Was verstehe ich unter *Verlässlichkeit*? Damit meine ich verbindliche Absprachen untereinander. Gehört der Begriff *verbindliche Absprachen* in meine Aufstellung…?

Was sind die Clusterüberschriften? (in der Graphik unterstrichen) Das sind die Schlüsselfaktoren. Sie sind besonders wichtig für Ihre Wendepunktentscheidung. Verändert sich Ihr Thema im Verlauf der Ist-Analyse? Wenn die Schlüsselfaktoren nicht mehr zum Thema passen, hat sich Ihr Thema verändert. Wählen Sie für Ihr Thema einen neuen Begriff und benennen Sie das damit verbundene Gefühl.

Systembrettübung – mein Thema dreidimensional betrachtet

Der Psychologe und Psychotherapeut Kurt Ludewig hat das Systembrett zusammen mit Ulrich Wilken in den 1970er-Jahren entwickelt. Es bietet Ihnen die Möglichkeit, einen anderen Zugang zu Ihrem Thema zu bekommen und auch Unbewusstes sichtbar zu machen. Sie setzen es ein, sobald Sie die Schlüsselfaktoren für Ihr Thema definiert haben. Durch die Wahl von Gegenständen als Repräsentanten für die einzelnen Faktoren setzen Sie sich anders mit diesen auseinander. Sie positionieren die Gegenstände auf dem Brett und haben somit einen dreidimensionalen Blick auf die Beziehungen. Sie sehen den aktuellen Zustand aus einer neuen Perspektive und können diesen besser beurteilen.

Material
Systembrett oder quadratisches Papier, Seitenlänge mindestens 20 cm, maximal 6 Gegenstände, die Sie auf dieser Fläche platzieren

Anleitung
Sie haben bereits die Schlüsselfaktoren für Ihren Wendepunkt notiert. Es ist dabei egal, ob es sich um abstrakte Begriffe, konkrete Personen oder reale Dinge handelt. Beispiel: Thema: *Jobwechsel*, Schlüsselfaktoren: *Familie, Zukunft, Sicherheit, Angst, Standort, ich*. Wählen Sie für jeden Faktor einen Gegenstand (Abb. 3). Klassisch wird in der Systemarbeit mit Holzklötzen gearbeitet. Es funktioniert aber mit allem. Sie können Spielzeugfiguren, Geld, Schlüssel, Steine, Büromaterial, … was auch immer nehmen. Positionieren Sie intuitiv die Gegenstände auf dem Brett. Sie schauen jetzt aus der Vogelperspektive auf Ihre Situation. Was fällt auf?

1. Begründen Sie die Zuordnung der Gegenstände zu den Faktoren.
2. Begründen Sie die Positionierung auf dem Brett.
3. Was sagt die Positionierung der Gegenstände zueinander über das Verhältnis der Faktoren zueinander aus?
4. Was sind meine neuen Erkenntnisse? Was sind die erforderlichen Schritte für eine Veränderung?

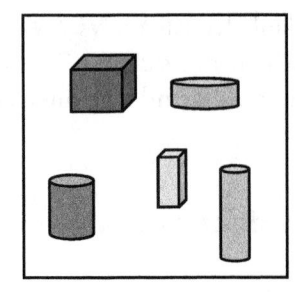

Abb. 3 Systembrett-Übung

Die Rubikon Übung – In welcher Entscheidungsphase bin ich?

Vielleicht kennen Sie die Redewendung *Den Rubikon überschreiten*. Deren Ursprung stammt aus dem alten Rom. Cäsar hatte entgegen des Befehls aus Rom den Grenzfluss Rubikon mit bewaffneten Truppen überquert und damit dem römischen Staat den Krieg erklärt. Am anderen Ufer gab es kein Zurück mehr. Übrigens gewann er.

Aus dieser Geschichte haben die Psychologen Heinz Heckhausen und Peter M. Gollwitzer in den achtziger Jahren das motivationspsychologische Rubikon-Modell entwickelt. Es geht dabei um die vier Handlungsphasen: Abwägung, Planung, Handlung, Bewertung.

Wir nehmen uns für unsere Übung nur die Phase des Abwägens. Sie verdeutlicht Ihnen, in welcher Phase Ihrer Entscheidung Sie sich aktuell befinden (Abb. 4). Erst wenn diese Phase abgeschlossen ist, ist es sinnvoll, sich mit dem anderen Ufer zu befassen. Dann haben Sie den Rubikon überschritten.

Material
Rubikon-Grafik

Anleitung
1. Schauen Sie auf die Begriffe am linken Ufer, dem alten Ufer. Sind Sie sich klar über Sinn, Zweck und Ziel? Haben Sie Ihre Absicht gefasst?
2. Schauen Sie auf die Begriffe im Fluss. Haben Sie wirklich alles losgelassen und schwimmen Sie nach vorne zum neuen Ufer?
3. Sie haben das alte Ufer hinter sich gelassen. Sie schwimmen nicht mehr? Dann ist es Zeit, den neuen Weg zu gehen. Planen und handeln Sie.

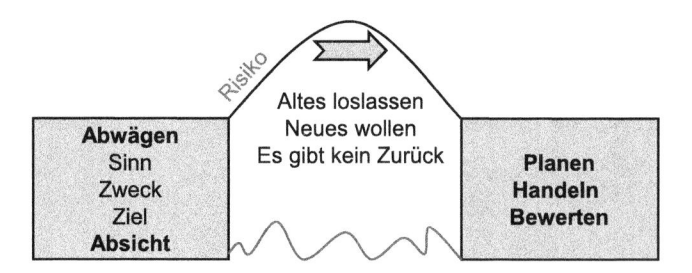

Abb. 4 Rubikon

Diese Übung bewahrt Sie vor voreiligem Aktionismus. Wenn Ihnen das Planen schwerfällt, überprüfen Sie hier, ob Sie vielleicht noch bis zum Hals im Wasser stehen oder unschlüssig am alten Ufer den Zeh ins Wasser halten. In diesem Fall gehen Sie mit Ihrem Handeln bitte zunächst dahin zurück, wo sich Ihr Kopf befindet.

Jetzt und später – Entscheidungskonsequenzen

Diese Übung hilft Ihnen, die Konsequenzen Ihrer Entscheidung hinsichtlich der Bedeutung für Ihr weiteres Leben einzuordnen. Sie vollziehen hier eine klare Trennung. Wo geht es um langfristige Auswirkungen, Wünsche und Ziele? Wo geht es um momentane Ängste und akute Bedürfnisbefriedigung (Tab. 2)? Wollen Sie Ihr Leben maßgeblich beeinflussen, ist es sinnvoll den langfristigen Konsequenzen mehr Aufmerksamkeit zu schenken. Auch wenn die akuten Konsequenzen eine große Herausforderung für Sie werden.

Material
Stift, Tabelle

Anleitung
Überlegen Sie, welche Entscheidungsmöglichkeiten Sie an diesem Wendepunkt haben. Tragen Sie die unterschiedlichen Varianten untereinander in der dafür vorgesehen Spalte ein. Bearbeiten Sie dann die anderen drei Spalten in beliebiger Reihenfolge.

1. Was werden die unmittelbaren Konsequenzen Ihrer Entscheidung sein? Jetzt!
2. Wie sehen die Auswirkungen später aus? Nach Wochen oder Monaten.

Tab. 2 Jetzt und später

Entscheidungs-variante	Bedeutung jetzt	Bedeutung später	Bedeutung dauerhaft

3. Handelt es sich um eine Lebensentscheidung? Was wird sich dauerhaft aufgrund Ihrer Entscheidung verändert haben?

Schauen Sie sich Ihre Einträge an. Verschafft Ihnen diese Perspektive mehr Klarheit über Ihre Situation? Messen Sie einigen Ängsten und Bedenken im Verhältnis zu deren Auswirkung unnötig viel Bedeutung bei? Haben Sie unter Punkt zwei und drei keine Einträge? Dann sollten Sie überdenken, ob Sie für diese Entscheidung unnötig viel Zeit investieren.

Schwarz-Weiß-Grau – mein persönlicher Fokus-Check

Ob wir eine Situation als positiv oder negativ wahrnehmen, liegt unter anderem an unserer Verfassung und unserer Einstellung. Wenn wir tendenziell eher auf Negatives fokussieren, werden wir Situationen eher skeptisch gegenüberstehen. Das gilt auch für Wendepunkte. Nehmen Sie sich eine Situation und betrachten Sie diese einmal ganz bewusst von drei verschiedenen Seiten. Die Seite, die Ihnen am schnellsten einfällt, ist Ihr übliches Denkschema. Ziel dieser Übung ist es, bewusst auf die positiven Aspekte zu fokussieren (Tab. 3). Meine Übung ist aus der Idee des Umdeutens ("reframing") des amerikanischen Psychotherapeuten und Psychologen Milton Hyland Erickson entstanden.

Material
Stift, Papier

Tab. 3 Schwarz-Weiß-Grau

Fokus	positiv	neutral	negativ
Wahrnehmung			
Interpretation			
Bewertung			

Anleitung
Zeichnen Sie eine Tabelle wie in der Grafik. Denken Sie an eine Situation oder Person, die Sie gerne näher betrachten möchten. Finden Sie zu jeder der drei Rubriken eine Antwort auf die folgenden Fragen:

1. Was nehme ich wahr an dieser Situation/Person?
2. Was schließe ich daraus? Warum?
3. Wie fühle ich mich damit? Warum?

Ordnen Sie die Antworten in der Tabelle unter der entsprechenden Rubrik ein. Was fällt Ihnen auf? Sollte Ihre Spalte „positiv" leer geblieben sein, finden Sie Antworten, die Sie dort einsortieren könnten. Ist das nicht möglich, suchen Sie einen anderen Aspekt, den Sie wahrnehmen. Füllen Sie erneut die Spalte „positiv" aus. Sie können sich auch eine Person aussuchen, die Sie dabei unterstützt.

Motivcheck – was ich will und brauche

Ich habe diese Methode vor vielen Jahren bei meiner Ausbildung zum Systemischen Management-Coach (CorporateWork, Axel Janßen/Dr. Rolf Meier) kennengelernt. Sie zeigt deutlich die Bedeutung von Argumenten für eine Entscheidung (Abb. 5a). Analysieren Sie getrennt die Pros und Kontras Ihres aktuellen Zustands und die der möglichen Veränderung (Abb. 5b).

a

Pro	Kontra
• Argument **Erläuterung**, **Skalierung (1-10)** • Argument **Erläuterung**, **Skalierung (1-10)** • Argument **Erläuterung**, **Skalierung (1-10)** • …	• Argument **Erläuterung**, **Skalierung (1-10)** • Argument **Erläuterung**, **Skalierung (1-10)** • Argument **Erläuterung**, **Skalierung (1-10)** • …

b

Pro	Kontra
• Argument **Erläuterung**, **Skalierung (1-10)** • Argument **Erläuterung**, **Skalierung (1-10)** • Argument **Erläuterung**, **Skalierung (1-10)** • …	• Argument **Erläuterung**, **Skalierung (1-10)** • Argument **Erläuterung**, **Skalierung (1-10)** • Argument **Erläuterung**, **Skalierung (1-10)** • …

Abb. 5a,b **a** Motivcheck Status quo, **b** Motivcheck Veränderung

Material
- zwei Blätter Papier
- mindestens ein Stift (mehr für zweifarbige Darstellung)

Anleitung
Das eine Blatt beschriften Sie mit: Status quo. Das andere beschriften Sie mit: Veränderung (neuer Weg). Entscheiden Sie selbst, womit Sie beginnen möchten.

Wenn Sie das erste Blatt bearbeitet haben, drehen Sie dieses bitte so lange um, bis Sie das zweite vollständig ausgefüllt haben. Benennen Sie jedes Argument mit einem Wort, bevor Sie es beschreiben. Ein Beispiel: Argument „Sicherheit" – Erläuterung „Ich weiß, was von mir erwartet wird."

Bei der Skalierung gilt: je höher die Zahl, desto wichtiger ist das Argument.

STATUS QUO
- Welche Argumente sprechen für den Status quo?
- Bewerten Sie die Argumente auf einer Skala von 1–10.
- Drehen Sie das Blatt auf die Rückseite

- Welche Argumente sprechen gegen den Status quo?
- Gewichten Sie auch hier auf einer Skala von 1–10.
- Legen Sie das Blatt zur Seite.

NEUER WEG
- Welche Argumente sprechen für die Veränderung?
- Gewichten Sie die Argumente auf einer Skala von 1–10.
- Drehen Sie das Blatt auf die Rückseite.
- Welche Argumente sprechen gegen den neuen Weg?
- Bewerten Sie auch hier auf einer Skala von 1–10.
- Legen Sie das Blatt zur Seite.

ABWÄGEN
- Vergleichen Sie die Ergebnisse beider Analysen.
- Auf welcher Seite sind die wichtigeren Argumente?
- Auf welchem Blatt sind die wichtigeren Argumente?
- Welche Seite auf welchem Blatt ist Ihre Lieblingsseite?
- Was sagt Ihnen das?

Die Wasserglasmethode – Bestandsaufnahme meiner Motive

Sie können diese Methode am Wendepunkt benutzen. Werden Sie sich darüber klar, welche Bedürfnisse und Motive Sie in dieser Situation maßgeblich beeinflussen. Das ist hilfreich, um zu verstehen, welche Faktoren in welchen Bereichen Ihres Lebens wichtige Motive bedienen. Die Gläser stehen dabei für Ihre Motive. Die Flüssigkeit steht für den aktuellen Stand Ihrer Bedürfnisbefriedigung.

Material
- Stift und Papier
- Wer gerne praktisch experimentiert, nimmt echte Gläser und Wasser.

Anleitung
- **Glasbezeichnung:** Suchen Sie Ihre fünf Motive mit der größten Bedeutung für Ihr Veränderungsthema. Es ist egal, ob Sie das Motiv als hinderlich oder förderlich empfinden. Es geht allgemein um die Wichtigkeit. Schreiben Sie das Motiv jeweils unter das Glas.

- **Füllung:** Füllen Sie die Gläser soweit, wie diese nach Ihrem Empfinden gefüllt sind. Zeichnen Sie den Füllgrad in das Glas. Dieser zeigt Ihnen den aktuellen Zustand der betroffenen Bedürfnisse. Der Idealzustand ist ein volles Glas = volle Bedürfnisbefriedigung. Die Differenz zwischen voll und Ihrem Füllgrad zeigt den aktuellen Mangel oder Überschuss. Läuft ein Glas über, haben Sie mehr als Sie brauchen.

> **Beispiel: Motivglas Anerkennung**
> Aktueller Status: halb gefüllt. Optimal wäre das Doppelte davon.
> Das Ergebnis der Übung zeigt Ihnen eine bildhafte Übersicht Ihrer aktuellen Bedürfnisbefriedigung in Bezug auf die vom Thema betroffenen Motive (Abb. 6).
> Wie wird sich eine Veränderung auf den Inhalt auswirken?

Achtsame Wahrnehmung – vom Ereignis zu meiner Reaktion

Was eine Situation mit Ihnen macht, können Sie durch Ihre Wahrnehmung beeinflussen. Von der Wahrnehmung bis zur Reaktion sind es häufig nur Bruchteile von Sekunden (Abb. 7a und 7b). Wenn Sie regelmäßig Situationen rückwirkend reflektieren, wird sich ein Lerneffekt einstellen. Die ersten drei Phasen Ihrer Wahrnehmung entscheiden über Ihre Verfassung. Sie können deren Ablauf mit etwas Übung verändern.
Material: Stift und Papier

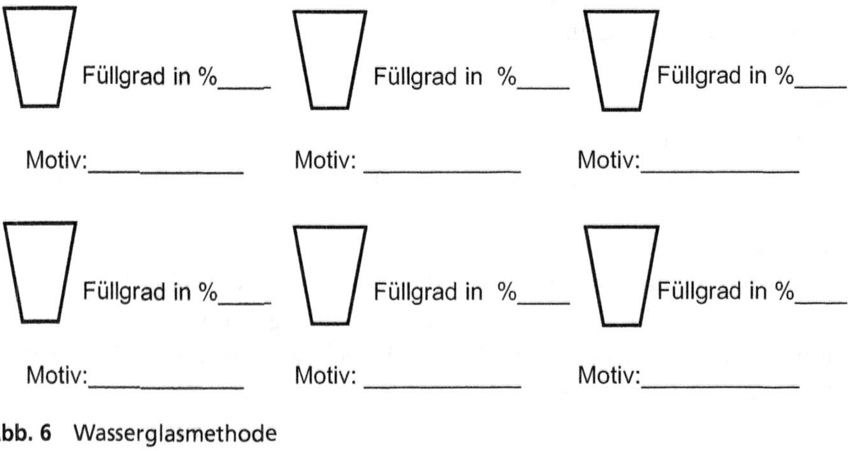

Abb. 6 Wasserglasmethode

a

1. Wahrnehmung
2. Interpretation
3. Bewertung
4. Innere Reaktion
5. Äußere Reaktion
6. Ergebnis

b

Wahrnehmung
- Was ich sehe, höre, fühle, rieche oder schmecke

Interpretation
- Daraus schließe ich, das bedeutet...

Bewertung
- Das finde ich...

Innere Reaktion
- Darauf reagiere ich mit folgenden Gefühlen und Gedanken...

Äußere Reaktion
- Mein Verhalten verbal/nonverbal....

Ergebnis
- Was der Prozess bewirkt

Abb. 7a,b a Wahrnehmungsprozess, b Wahrnehmungsprozessinhalte

Ablauf

Gehen Sie die Phasen Ihrer Wahrnehmung nacheinander durch und stellen Sie sich die folgenden Fragen:

Wahrnehmung: Was habe ich gesehen/gehört/gefühlt/gerochen?
Interpretation: Was habe ich daraus gefolgert?
Bewertung: Wie habe ich es bewertet?
Innere Reaktion: Welche Gefühle hat das in mir ausgelöst?
Äußere Reaktion: Wie habe ich reagiert?
Ergebnis: Was war das Resultat?

Welche Zusammenhänge sehen Sie zwischen den einzelnen Phasen? Würden Sie beim nächsten Mal etwas verändern wollen? Falls ja, an welcher Stelle?

Zeitreise – auf den Spuren meiner Vergangenheit

Der Ansatz der vom amerikanischen Mediziner Robert Neil Butler entwickelten Biografiearbeit dient der Reflexion Ihrer biografischen Vergangenheit. Diese gibt Ihnen Hinweise auf das Entstehen Ihrer Verhaltens- und Denkweisen. Das ermöglicht, die aktuelle Situation besser zu verstehen und die eigene Zukunft effizienter mitzugestalten.

In dieser Übung, die auf einem Ausbildungsmodul des Coach-Ausbilders Axel Janssen basiert, trennen Sie Ihre Vergangenheit in die Zeitstränge Privat, Familie und Job (Abb. 8). Zum Bereich Job zählen auch Schule und Ausbildung. Sie schauen auf Ereignisse und Personen zurück, von denen Sie auf dem jeweiligen Zeitstrang geprägt wurden und die auch heute noch Ihr Handeln, Denken und Fühlen beeinflussen. Oft werden derartige Zusammenhänge erst im Rahmen einer Rückschau bewusst. Diese Bewusstheit ist nötig, um Verhalten dauerhaft zu verändern. Führen Sie die Übung möglichst mit einem Partner durch. Dieser hat im Gegensatz zu Ihnen Abstand zum Thema und kann so gezielter Fragen stellen.

Material
Stift, Grafik zur Übung, idealerweise eine Person Ihres Vertrauens

Anleitung
Beginnen Sie mit einem Zeitstrahl Ihrer Wahl. Stellen Sie Fragen nach den Ereignissen und Personen im Kasten. Wenn Sie die Übung gemeinsam durchführen, lassen Sie sich die Fragen stellen und sich so durch den Zeitstrahl leiten. Entscheiden Sie selbst, wie weit Sie zurückgehen wollen. Wann gab es

Privat ── Wendepunkte
Vorbilder
Familie ── Wichtige Ereignisse
Wichtige Einflüsse
Job ── Erfolge
Misserfolge

Abb. 8 Zeitreise

erste wichtige Erinnerungen? Wo gab es Wendepunkte? Wer waren Ihre Vorbilder…Tragen Sie die Antworten mit Schlagwort und Jahreszahl auf dem Zeitstrahl ein. Wenn Sie alle drei Bereiche bearbeitet haben, überprüfen Sie, ob es in Bezug auf Ihre Einträge Zusammenhänge zwischen den Bereichen gibt.

Wo sehen Sie Auswirkungen in der Gegenwart? Was sagt Ihnen das?

Mannschaftsaufstellung – mein inneres Team

Wenn es um den Schritt in eine neue Richtung geht, spielen Ihre Werte und Motive mit, genauso wie wichtige äußere Fakten, die Ihren Weg beeinflussen. Alles hat seine Funktion, wie in einem Fußballspiel. Was verteidigen Ihre Ängste? Mit wessen Unterstützung bringt Sie Ihre Motivation ins Ziel? Was kommt Ihren Spielern immer wieder in die Quere und hält sie von ihrer Arbeit ab? Machen Sie sich ein Bild davon und entscheiden Sie mit welcher Mannschaft Sie spielen möchten. Setzen Sie auf Abwehr oder wollen Sie den Ball im Tor haben?

Die Mannschaftsaufstellung hilft Ihnen, sich auf Ihre wichtigen Beweggründe zu konzentrieren und gemeinsam mit diesen den gewünschten Weg zu gehen (Abb. 9). Sie legt Hindernisse offen, damit Sie eine Strategie entwickeln können, diese auszuschalten.

Material
Spielvorlage, Stift

Anleitung
Machen Sie eine Liste Ihrer Werte, Motive und Ängste und der äußeren Faktoren, die Sie antreiben oder Ihnen im Weg stehen.

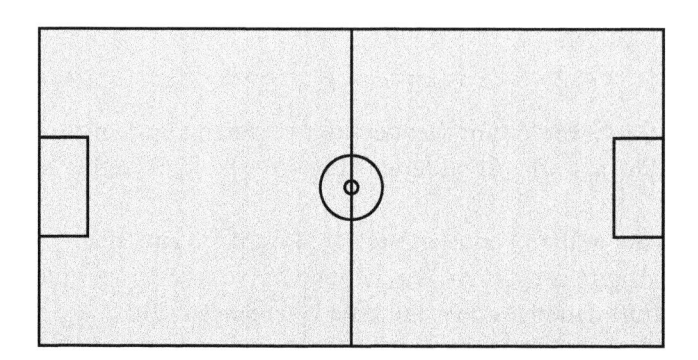

Abb. 9 Mannschaftsaufstellung

> **Beispiel**
> 1. Meine Unsicherheit verteidigt Vertrautes.
> 2. Mein Bedürfnis nach Freiheit will in das neue Umfeld.
> 3. Die Bedenken meines Umfelds bremsen mich aus…

Wenn Sie alle Spieler und Hindernisse (Gegenspieler) notiert haben, machen Sie die Mannschaftsaufstellung. Wer übernimmt eine unverzichtbare Funktion? Was ist Ihr Ziel? Haben Sie genug Stürmer, um voranzukommen, oder spielen Sie auf Abwehr? Welche Gegenspieler brauchen Manndeckung? Um diese sollten Sie sich permanent kümmern. Welche Spieler lassen Sie zu Hause? Machen Sie sich klar, warum, und konzentrieren Sie sich im Folgenden auf das Geschehen auf dem Spielfeld.

Schauen Sie auf das Spielfeld. Sie haben alle Ressourcen auf dem Platz. Entwickeln Sie jetzt Ihre Taktik.

Was lasse ich (nicht) los? Verlustängste erkennen und reduzieren

Oft verharren wir an einem Wendepunkt mit dem wehmütigen Blick auf das, was wir verlieren werden. Diese Übung ist eine Vorbereitung auf den Blick nach vorne auf neues Terrain. Schließen Sie sicher hinter sich ab und bedenken Sie dabei: Was Sie ungerne aufgeben erwartet Sie vielleicht schon wieder hinter der nächsten Tür. Schauen Sie jetzt genau auf all das, was Sie nicht loslassen wollen. Wie berechtigt sind Ihre Ängste? Was passiert, wenn Sie sich von diesen Dingen für diesen Moment trennen?

Material
Stift, Papier, Vorlage

Anleitung
Schreiben Sie auf, was Sie am Wendepunkt verlieren könnten.
Schauen Sie auf die Abbildung (Abb. 10). Welche Verlustangst steckt dahinter?
Schreiben Sie weitere Verlustängste auf, die auf Sie zutreffen.
Sind Ihre Ängste berechtigt? Was können Sie stattdessen gewinnen?
Ist der Verlust dauerhaft oder nur eine Übergangsphase?

- Freiheit
- Kompetenz
- Sinn
- Information
- Unterstützung
- Kontrolle
- Beziehungen
- Glaubwürdigkeit
- Status
- Anerkennung
- Sicherheit
- Verantwortung
- Macht
- Vertrautheit
- Routine
- Ruhe

Abb. 10 Verlustängste

Hier und jetzt – Entscheidungen abschließen

Wenn wir unsere Entscheidungen hinterfragen, sind wir mit unserer Wahl weniger zufrieden. Vergessen wir nach unserer Entscheidung dagegen alle Alternativen, sehen wir unsere Wahl in einem besseren Licht. Der amerikanische Psychologe Barry Schwartz hat daraus das „Prinzip für immer" entwickelt, auf dem meine Übung basiert. Sie hilft Ihnen, Ihre Entscheidung zu genießen. Setzen Sie diese Übung ein, wann immer Sie mit einer getroffenen Entscheidung hadern.

Material
Zwei Zettel oder Karteikarten, Stift

Anleitung
Nehmen Sie sich einen Zettel und schreiben Sie in einem Satz die Alternative zu Ihrer bereits getroffenen Entscheidung auf, über die Sie gerade nachdenken. Sollten Sie über mehrere Alternativen nachdenken, schreiben Sie für jede einen solchen Satz. Dann nehmen Sie den zweiten Zettel. Sie formulieren Ihre tatsächliche Entscheidung in einem Satz. Darunter schreiben Sie einen zweiten Satz, mit der Begründung: Das ist eine gute Entscheidung, weil…

> **Beispiel: Angenommen, es ging um einen Hauskauf und Sie haben Haus A gekauft**
>
> Alternative 1: *Ich kaufe das Haus.* Alternative 2: *Ich warte noch.*
> Entscheidung:
> *Ich habe Haus A gekauft.*
> Begründung.
> *Das ist eine gute Entscheidung, weil…*

Jetzt nehmen Sie den Zettel mit Ihren zuvor formulierten Alternativen und verbrennen diese auf welche Art auch immer. Mit dem Verbrennen vernichten Sie symbolisch diese Möglichkeiten. Sie gehören nicht mehr in Ihre Realität (Abb. 11).

Erfahrungsgemäß hilft dieses Feuerritual gut beim Abschließen von hartnäckigen Themen.

Personal-SWOT – mein Wendepunkt ökonomisch betrachtet

Die SWOT-Analyse ist ein Instrument der strategischen Planung in der Betriebswirtschaft und dient der Situationsanalyse. Sie wurde in den 1960er-Jahren an der Harvard Business School zur Anwendung in Unternehmen entwickelt.

Wir benutzen diese Basis jetzt in abgewandelter Form für Ihre persönliche Standortbestimmung am Wendepunkt. Die Methode dient der strukturierten Betrachtung wichtiger Entscheidungskriterien.

Material
Papier und Stift

Meine Entscheidung:
- Ich habe/bin….
- Das ist ist eine gute Entscheidung, weil…

Verpasste Alternativen:
- Ich…
- Ich…

Abb. 11 Feuerritual „Schall und Rauch"

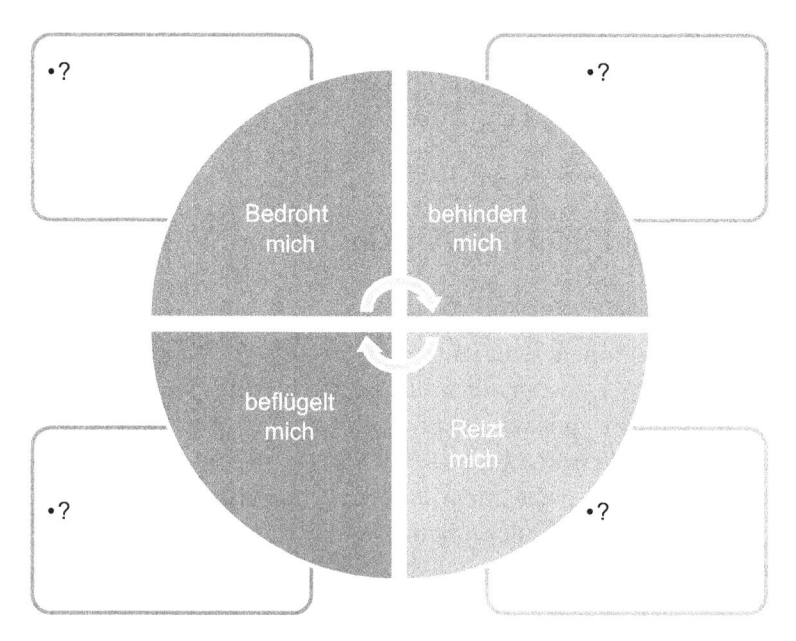

Abb. 12 Personal-SWOT 360-Grad-Fokus

Anleitung

In der Abbildung sehen Sie vier Sprechblasen (Abb. 12). „beflügelt mich" und „behindert mich" betreffen Ihre persönlichen Eigenschaften. Es geht um deren Bedeutung für den Wendepunkt.

„Bedroht mich" und „reizt mich" bezieht sich auf Möglichkeiten des neuen Weges oder der alten Situation. Je nachdem, was Sie betrachten möchten.

Füllen Sie jede Sprechblase mit Aspekten, die Sie für wichtig halten. Gehen Sie dabei in beliebiger Reihenfolge vor.

- **Flügel:** Welche Motive, Verhaltensweisen, Denkmuster, Fähigkeiten, Gefühle werden mich auf dem Weg unterstützen?
- **Ballast:** Welche Motive, Verhaltensweisen, Denkmuster, Fähigkeiten, Gefühle werden mich auf dem Weg behindern?
- **Verlockung:** Welche Möglichkeiten eröffnet mir dieser Weg? Welche Chancen bieten sich?
- **Bedrohung:** Welche Risiken birgt dieser Weg? Mit welchen Verlusten muss ich eventuell rechnen?

Sie haben jetzt eine klare Übersicht vor sich liegen. Setzen Sie Schwächen und Gefahren zu den Stärken und Möglichkeiten ins Verhältnis. Überprüfen Sie die Schwächen und Risiken. Wollen Sie etwas daran ändern? Können Sie das ein oder andere Hindernis aus dem Weg räumen?

Versteckspiel mit dem inneren Kind – Glaubenssätze finden

Glaubenssätze sind innere Überzeugungen aus unserer Kindheit, nach denen wir unbewusst immer noch handeln. Diese „inneren Kinder" können uns im Weg stehen, wenn sie zu einer negativen Einstellung führen. Haben Sie Verhaltensmuster, die Sie stören und deren Ursprung Sie nicht kennen, machen Sie sich auf die Suche nach ihrem inneren Sorgenkind. Diese Übung hilft Ihnen, Sorgenkinder zu finden, damit sie diesen anschließend ihre Ängste nehmen können.

Material
Stift und die Grafikvorlage

Anleitung
Denken Sie an das Verhalten von Ihnen, dass Sie stört. Beantworten Sie die Fragen in der Grafik in der Reihenfolge Ihrer Wahl (Abb. 13). Tragen Sie Ihre Antwort an der entsprechenden Stelle ein.

Verhalten meiner Bezugspersonen
Typische Sätze:
Typische Handlungen:

Was ich daraus schließe.   Wie es mir damit geht.
Meine Glaubenssätze: Meine Gefühle:

Meine bisherigen Lösungsstrategien
Verhaltensmuster:

Abb. 13 Sorgenkind finden

- Welches Gefühl habe ich bei meinem störenden Verhalten?
- An welche Situation in meiner Kindheit erinnert es mich?
- Welche Person hat es damals durch welches Verhalten ausgelöst?
- Zu welcher Überzeugung hat das bei mir geführt?
- Mit welcher Lösungsstrategie habe ich reagiert?

> **Beispiel**
> Sobald ich angefangen habe, mir einen Job zu suchen, der mich mehr fordert, verlässt mich nach kurzer Zeit der Mut und ich breche es wieder ab. Ich werde unsicher und ängstlich. Wenn ich als Kind neue Dinge ausprobiert habe oder irgendwo allein hingehen wollte, kam von meinen Eltern immer die Reaktion: *„Das wird doch nichts. Warte, ich helfe Dir."* oder *„Ich komme mit, sonst passiert Dir noch was."* Ich habe seitdem die Überzeugung: *„Ich kann mir nichts zutrauen."* Als Konsequenz gehe ich möglichst allen neuen Herausforderungen aus dem Weg.

Haben Sie den Bogen ausgefüllt? Dann haben Sie Ihr Sorgenkind gefunden und Sie lesen schwarz auf weiß, warum es sich so verhält. Jetzt haben Sie die Möglichkeit, etwas zu verändern.

Das innere Kind stärken – Glaubenssätze neutralisieren

Stärkung von Sorgenkindern – aus dem Schatten ans Licht!

Sie haben Ihr Sorgenkind gefunden. Natürlich verstehen Sie es. Es ist ja Ihr Kind. In dieser Übung geht es darum, negative Glaubenssätze in fünf Schritten zu verändern. Es handelt sich nicht nur um einen kognitiven, sondern auch um einen emotionalen Prozess. Zuerst sorgen Sie deshalb bitte für eine Stimmung, die Veränderung zulässt. Wenn Ihr inneres Kind dafür bereit ist, können sie Ihre Vorschläge machen. Schreiben Sie ihm einen Brief (Abb. 14).

Theoretische Basis dieser Übung ist das Buch „Das Kind in dir muss Heimat finden" von Stefanie Stahl. Möchten Sie in das Thema Glaubenssätze tiefer einsteigen, finden Sie dort viele weitere Übungen und Erkenntnisse.

Material
Stift, Zettel und Vorlage

Anleitung
1. Erklären Sie dem Kind seine damaligen Rechte und die Verantwortung der Eltern. Damit verändern Sie rückwirkend die Perspektive.

1. **Sachargumente:** Rechte von Kindern, Verantwortung der Eltern
2. **Selbstakzeptanz:** Annahme eigener Gefühle und Verhaltensmuster
3. **Trost:** Keine Schuld an fremdverschuldeten Programmen
4. **Aufforderung:** ermunternde Worte für mein Sorgenkind
5. **Glaubenssätze ändern:** alte Überzeugungen bewusst ersetzen

Abb. 14 Stärkung meines Sorgenkindes

2. Zeigen Sie Verständnis für seine Gefühle und Reaktionen. Entlasten Sie es von Schuldgefühlen und dem Gedanken „Ich bin nicht ok."
3. Trösten Sie Ihr inneres Kind. So kann es sich geborgen fühlen und neuen Mut schöpfen.
4. Fordern Sie das Kind auf, über seinen Schatten zu springen. Stellen Sie ihm in Aussicht, was das für einen Spaß machen könnte.
5. Geben Sie jetzt konkrete Hilfestellung. Nehmen Sie alte Glaubenssätze und machen Sie Vorschläge, diese umzuformulieren.

Beispiel

Stefan, Du hast Dich früher gezwungen, nicht zu weinen, weil Deine Eltern Dir gesagt haben, echte Jungen täten sowas nicht. Früher haben das viele gedacht, heute nicht mehr. Jeder darf Gefühle zeigen, wenn ihm danach ist. Das hat nichts mit Schwäche zu tun. Im Gegenteil, manchmal ist das eher mutig, weil Du Dich vor anderen verletzbar machst. Ich bin stolz auf Dich, wenn Du es tust. Trau Dich, Du wirst überrascht sein von den positiven Reaktionen. Lass uns Deine Überzeugung ändern von „Ich muss stark sein" zu „Ich zeige, wie es mir geht." Ich kann den Satz auch aufschreiben und an einen passenden Ort hängen, wenn Dir das hilft.

Interview mit Symptomen – mein Körper als Wegweiser

Sie können diese Methode nutzen, um ungelöste innere Konflikte mithilfe körperlicher Symptome zu erkennen. Bestimmte Bereiche unseres Körpers korrespondieren bevorzugt mit spezifischen seelischen Themen. Sie fungieren als Indikatoren für Dinge, die uns aus unserem inneren Gleichgewicht bringen.

Wenn Sie etwas beschäftigt und Sie wissen nicht genau, was Sie belastet, fragen Sie Ihr Symptom (Abb. 15).

Material
Zettel, Stift, Vorlage

Anleitung
1. Welche Ihrer aktuellen körperlichen Symptome könnten mit Ihrem Thema in Verbindung stehen? Schreiben Sie diese auf.
2. Was bewirken diese Symptome?
3. Wozu sind Sie durch Ihre Symptome gezwungen?
4. Welche Aufforderung könnte analog auf psychischer Ebene damit verbunden sein?

Nutzen Sie die Fragen in der Übersicht als Beispiel und Anregung. Sie können für jedes hier nicht aufgeführte Symptom die Methode entsprechend verwenden. Formulieren Sie gerne auch die Fragen in der Art, wie Sie es als passend empfinden. Wenn Sie in diese Thematik tiefer einsteigen möchten, bietet die Fachliteratur zu seelischen Entsprechungen von Krankheiten viele Anregungen.

Das Ergebnis der Fragestunde liefert in der Regel Klarheit über wichtige Einflussfaktoren auf Ihr inneres Gleichgewicht.

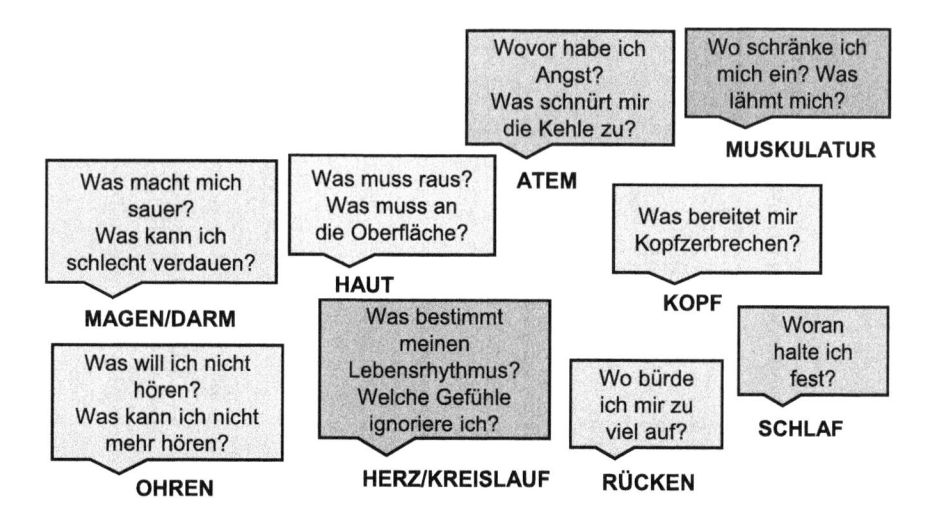

Abb. 15 Interview mit Symptomen

Die Arena vergrößern (Johari light) – Kommunikation leicht gemacht

In den 1950er-Jahren wurde das Johari-Fenster von den amerikanischen Sozialpsychologen Joseph Luft und Harry Ingham entwickelt („The Johari Window, a graphic model of interpersonal awareness", 1955). Es macht vier Einflussfaktoren von Kommunikation transparent: öffentliche Person, Verborgenes, Unbewusstes und den blinden Fleck.

Wir arbeiten jetzt mit drei Faktoren aus diesem Modell. Gehen Sie davon aus, dass Situationen und Interaktion mit anderen umso leichter werden, je transparenter für jeden Beweggründe und Verhaltensweisen sind. Sie lernen mit dieser Methode zwei Möglichkeiten, sicherer und transparenter zu handeln (die Arena zu vergrößern). Zum einen vergrößern Sie den Handlungsspielraum, wenn Sie selbst wissen, wie Sie wirken. Zum anderen erhöhen Sie diesen, wenn Ihre Interaktionspartner ihr Handeln richtig verstehen (Abb. 16).

1. Sie kommunizieren anderen gegenüber klar die Beweggründe Ihres Handelns (A vergrößert sich zulasten von G)
2. Sie holen sich Feedback zu Ihrem Handeln oder Ihrer Person. Damit reduzieren Sie Ihren blinden Fleck (Erweiterung von A durch Verkleinerung von B).

Material
Stift und Vorlage „Die Arena"

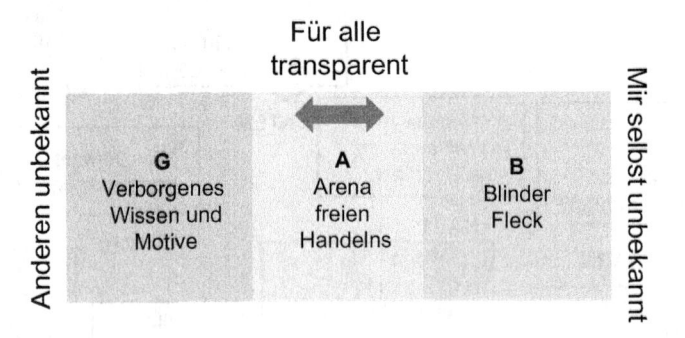

Abb. 16 Die Arena vergrößern (Johari light)

Anleitung
Machen Sie eine Liste von Menschen, die in Ihrer aktuellen Situation von Bedeutung sein könnten. Mit wem möchten Sie über Ihr Thema sprechen?

Für wen ist es wichtig, Ihre Beweggründe zu kennen? Wer kennt Sie gut und kann Ihnen konstruktiv Feedback zu Ihrer Person und Ihrem Verhalten geben? Sprechen Sie mit diesen Personen über Ihr Thema. Schildern Sie zunächst Gründe für Ihr Verhalten und Denken. Fragen Sie dann Ihr Gegenüber, wie es Sie wahrnimmt und was es selbst für einen Eindruck von dem Thema hat.

Was haben Sie Neues über sich selbst und das Denken und Verhalten anderer gelernt? Inwieweit hilft Ihnen das an Ihrem Wendepunkt?

Think positive – die drei Tageshochs

Dieses Ritual praktiziert eine Freundin seit einigen Jahren. Sie ist übrigens ein ausgesprochen positiver Mensch. Ziel ist es, Dinge, die uns guttun, besser wertzuschätzen. Oft vernachlässigt unsere Wahrnehmung kleine erfreuliche Dinge unseres Alltags, während die ärgerlichen lange in unserem Kopf präsent bleiben. Wenn man jeden Tag nach positiven Ereignissen sucht, wird man sie auch finden. Ich habe mit diesem Ritual 2021 begonnen und nutze den Buch-Kalender von Paulo Coelho. Mittlerweile freue ich mich jeden Abend auf diesen Moment und es führt dazu, dass ich immer mit einem guten Gefühl einschlafe (Abb. 17).

Material
Stift, Kalender, bzw. Smartphone

Anleitung
1. Denken Sie jeden Abend an drei positive Dinge, die Ihnen an diesem Tag passiert sind. Vollkommen egal was, Hauptsache, es hat Ihnen einen angenehmen Augenblick beschert.
2. Nehmen Sie ein Heft, einen Kalender oder Ihr Handy. Ich persönlich habe mir zu diesem Zweck extra einen sehr schönen broschierten Kalender gekauft, um den Wert dieses Rituals zu unterstreichen.
3. Notieren Sie jeweils ein Stichwort oder formulieren Sie es aus. Ausformulieren hat den Vorteil, dass sie sich später beim Zurückblättern besser erinnern.

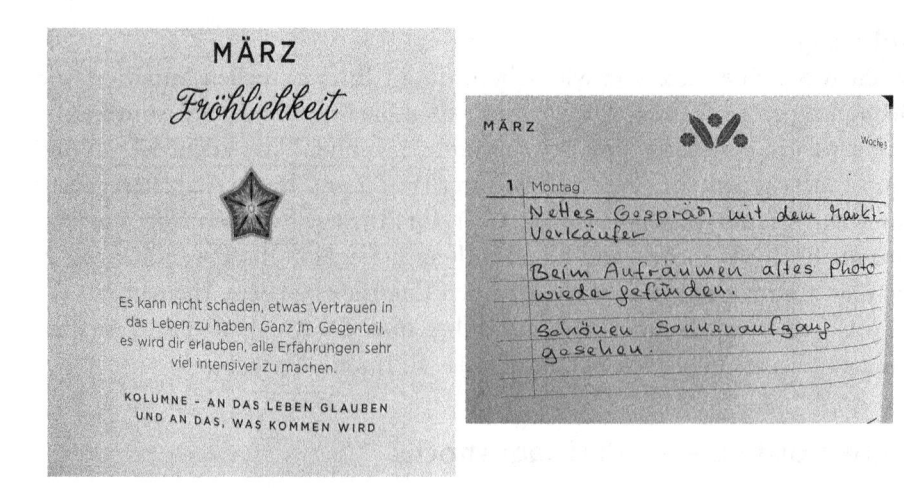

Abb. 17 Die drei Tageshochs

Regelmäßig durchgeführt, kreiert diese Übung einen Automatismus, der uns mehr auf angenehme Dinge fokussieren lässt. Schöner Nebeneffekt: Wenn Sie am Ende des Jahres eine kleine Rückschau halten möchten, haben Sie bereits die gesammelten Highlights in den Händen.

> *Willst du mit mir gehen?*
> *…Willst du mit mir geh'n? Licht und Schatten versteh'n.*
> *Dich mit Windrosen drehen. Willst du mit mir geh'n?*
> *Man nennt es Liebe, man nennt es Glücklichsein…*
> *(Song von Dalia Lawi)*

Letzte Etappe – die Schatzkarte

Dieses Kapitel fasst bildhaft alle Faktoren am Wendepunkt zusammen, auf die Sie Einfluss haben. Es zeigt die Verknüpfung von Vergangenheit, Gegenwart und Zukunft und sorgt dafür, dass Sie alles Wichtige berücksichtigen. Sie können es als Vorlage nutzen und Ihre To-dos am Wendepunkt dort eintragen.

Vergangenheit, Gegenwart, Zukunft – wie alles zusammen läuft und zusammenläuft

Wohin geht Ihre Reise? Sie haben nach hinten geschaut. Sie haben sich hier im Jetzt umgesehen und in die Zukunft geblickt. Sie sehen, alles hat mit Ihnen zu tun. Licht und Schatten, wie Frau Lawi in „Willst Du mit mir gehen" singt. Die Zeiten sind nur scheinbar getrennt.

Sie haben Ihre Vergangenheit in Ihrem emotionalen Rucksack jeden Augenblick dabei. Sie können entscheiden, was Sie auspacken wollen, weil es unnötiger Ballast ist. Sie erleben das Jetzt mit allen Bedürfnissen und Emotionen Ihres inneren Teams, mit Symptomen, die Sie auf Ungleichgewichte in Ihrem Leben hinweisen, mit dem Wissen, den Fähigkeiten und Ihren Maßstäben, die Ihnen in diesem Moment zur Verfügung stehen. Auch das ist veränderbar. Sie sehen in die Zukunft mit Bedenken oder mit Zuversicht und Vertrauen. Sie fokussieren auf Schwieriges, Schlechtes oder Leichtes, Schönes. Das ist Ihre Entscheidung. All das begleitet Sie auf Ihrem

Weg von Wendepunkt zu Wendepunkt. Ihre Vergangenheit, Gegenwart und Zukunft greifen ineinander.

An jedem Wendepunkt machen wir auch immer eine Reise zu uns selbst. Das wissen Sie jetzt. Betrachten Sie Ihre Schatzkarte (Abb. 1). Je tiefer Sie zu sich hinabsteigen, desto besser kommen Sie voran auf dem Weg draußen. Dieser Schatz liegt in uns selbst. Wenn Sie Ihr Gepäck überprüft haben, Ihre inneren Kinder an die Hand nehmen und die Perspektive zuversichtlich in die Zukunft richten, haben Sie das Wichtigste dabei.

Die Schatzkarte führt immer zurück zum Wanderer!

Füllen Sie Ihre individuelle Schatzkarte aus. Lösen Sie sich von hinderlichen Dingen und machen Sie sich einfach auf Ihren Weg!

Brainwash
Want to hit the road? You better check
got any bad guys behind your back.

Before you go to open your door,
clean the basement from fears and wash the floor.
Wipe away all your excuses
only keep, what amuses you.

Look what's in front enjoy what's ahead
be sure you got trust and love in your bag.

Abb. 1 Die Schatzkarte

*Before you rinse uncertainty, make it clear
that doubts, suspicion disappear.
Throw all these dirty carpets away,
cause the anger stains will always stay.*

And if these thoughts still hang around – tell them not to mess my home!!

*When you throw your guilt in the washing machine,
be sure you get your conscience out nice and clean.*

*Watch your jealousy spin around.
When it turns to freedom, listen to the sound.
Washed from anger put at ease
I slowly walk out starting to breathe.*

And if these thoughts still hang around – tell them not to mess my home!!

(Music & Lyrics Melanie Cordini)

Literatur

Carroll, Lewis, Alice im Wunderland, Jacoby und Steward GmbH, 2016/https://www.myzitate.de/alice-im-wunderland/
Coelho, Paulo, Begegnungen, Buch-Kalender 2021, Diogenes Verlag Zürich, 2020
Dethlefsen Thorwald, Dahlke Rüdiger, Krankheit als Weg, Goldmann Verlag München, 2015
Dusse Karsten, Achtsam morden, Wilhelm Heyne Verlag München, 2019
Egli, René, Das Lola-Prinzip, Editions d'Olt, Oetwil a.d.L, 1994
Erikson, Erik H., Identität und Lebenszyklus, Surkamp Verlag Frankfurt am Main, 1973
Garfinkel, Harold, Studies in Ethnomethodology, Polity Press, Cambridge, 1994
Gigerenzer, Gerd, Bauchentscheidungen, Goldmann Verlag, München, 2008
Gilbert, Elizabeth, Eat, pray, love, BvT Verlag, Berlin, 2006
Goffman, Erving, The presentation of self in everyday life, Anchor Books, New York, 1959
Goleman, Daniel, Emotionale Intelligenz, dtv Verlag München, 2007
Hay, Louise, Heile Deinen Körper, Lychow in Kamphausen Media GmbH, Bielefeld 1989
Janssen Axel, Handbuch Management Coaching, Werdewelt Verlags- und Medienhaus GmbH, 2013
Judith, Anodea, Eastern Body Western Mind, Random House, New York, 2004
Juul, Jesper, Das Familienhaus, Kösel-Verlag, München, 2012
Juul, Jesper, 5 Grundsteine für die Familie, Kösel-Verlag München, 2009
Laotse, Tao te king, Atmosphären Verlag München 2004
Luft, Joseph, Ingham, Harry, The Johari Window, a graphic model of interpersonal awareness. In: Proceedings of the western training laboratory in group development, Los Angeles, UCLA 1955

Oerter, Prof. Dr. Rolf, Montada, Prof. Dr. Leo, Entwicklungspsychologie, Belts-Verlage, Weinheim 2002

Petrovna Navatsky, Helena, Gesetz der Anziehung, 1877

Polt, Wolfgang, Rimser, Markus, Aufstellungen mit dem Systembrett, Ökotopia Verlag 2006

Schwartz Barry, Anleitung zur Unzufriedenheit. Warum weniger glücklich macht, Ullstein Verlag Berlin, 2006

Spector, Alan, Lawrence Keith, Your Retirement Quest, Cincinnati Bookpublishers, 2010

Stahl, Stefanie, Das Kind in dir muss Heimat finden. Kailash Verlagsgruppe, München, 2015

Watzlawik Paul, Anleitung zum Unglücklichsein, R. Piper & Co. Verlag München, 1983

Welch, Suzy, 10 days, 10 Month, 10 Years, Goldmann Verlag München, 2009

Zimbardo, PH. D., Gerrig, R.J, Psychologie, Springer Verlag Berlin 1999

„Und ewig liebe ich"
Claudia

Claudia Engeler

Stella kehrt heim

Projekte-
Verlag
Cornelius GmbH